本专著为2013年度教育部人文社会科学研究一般项目“英汉虚化动词结构对比研究”（项目编号：13YJA740073）的研究成果

# 英汉虚化动词结构对比研究

张爱朴 著

黑龙江大学出版社
HEILONGJIANG UNIVERSITY PRESS
哈尔滨

**图书在版编目（CIP）数据**

英汉虚化动词结构对比研究 / 张爱朴著. -- 哈尔滨：黑龙江大学出版社，2019.10（2021.7 重印）
ISBN 978-7-5686-0409-3

Ⅰ. ①英… Ⅱ. ①张… Ⅲ. ①英语－动词－对比研究－汉语 Ⅳ. ①H314.2 ②H146.2

中国版本图书馆 CIP 数据核字（2019）第 224608 号

英汉虚化动词结构对比研究
YING HAN XUHUA DONGCI JIEGOU DUIBI YANJIU
张爱朴 著

---

责任编辑 陈连生 王瑞琦 邵明菲
出版发行 黑龙江大学出版社
地　　址 哈尔滨市南岗区学府三道街 36 号
印　　刷 三河市春园印刷有限公司
开　　本 720 毫米×1000 毫米 1/16
印　　张 15.25
字　　数 203 千
版　　次 2019 年 10 月第 1 版
印　　次 2021 年 7 月第 2 次印刷
书　　号 ISBN 978-7-5686-0409-3
定　　价 46.00 元

---

本书如有印装错误请与本社联系更换。

# 前　言

国外语言学家如斯威特、叶斯柏森等很早就注意到英语虚化动词,并开展了对这一语言现象的相关研究;国内吕叔湘、朱德熙等语言学家在二十世纪八十年代也注意到汉语虚化动词(形式动词)并进行探讨。但是将二者结合起来研究并加以对比,相对来说还处于起步阶段,这是本书作者选择这一主题来深入研究的缘由。

本书是教育部人文社会科学规划基金的结题成果。项目的预定目标是探讨语音、句法、语义、语用、时体、名物化、语法化、词汇化、语法隐喻和使用动因等因素在影响或制约英汉虚化动词结构方面的异同,及造成它们异同的潜在原因。作者希望这项研究能对英汉虚化动词结构的理论研究,乃至与之有关的语言类型学研究有一定的启示意义。经过近六年的艰难探索,笔者基本上查清了英汉虚化动词结构之间的异同,并利用现代语言学的相关理论,对造成二者异同的原因给予了适当解释,从而达到了项目研究的预定目的。

本研究综合运用了功能语言学、认知语言学等语言学理论,主要从句法、语义、功能、认知等多个视角,探讨句法、语义、时体、语法化、认知转喻、语法隐喻、使用动因等因素对英汉虚化动词结构产生的影响和制约作用,并对造成二者异同的原因做出理论解释。通过研究,笔者有以下发现:

1. 英汉虚化动词结构在句式上有较大差异,表现为英语句式的数目和类型少于汉语。

2. 英汉虚化动词的控制度与动词性宾语的指称性都存在类似的共变关系:动词性宾语的指称性越强,受动词的控制越弱;反之,动词性宾语的指称性越弱，受动词的控制越强。

3. 若以英汉事件名词为参照点，英汉语言的差异性要多于相同性，表现为：典型英语虚化动词结构里处于宾语位置上的事件名词属于边缘事件名词，通常表示一个简单动作，行为类型多由活动类动词转化而成；但是汉语同一位置上的事件名词不表示简单动作，而是表示心理或某种复杂行为或活动，行为类型涉及面较广，涵盖了除"成就动词"外的其他所有动词类型。从动词的及物性来看，英汉事件名词涉及的过程既不相同，也不对应。

4. 英汉虚化动词结构的形成都存在语法隐喻化特征，动词性宾语都经历了不同程度的非范畴化。

5. 在使用动因上，句法、语义、语用、语篇都会影响英汉虚化动词结构的使用。

6. 通过词义、情状类型、时相结构等层面对英汉虚化动词结构的时体和情状类型进行对比后发现：(1) 英汉虚化动词结构的"体"在句法形式上有差异；(2) 英汉虚化动词结构的时相结构不同，英语的时相结构类型比汉语多、比汉语复杂；(3) 进一步证实了类型语言学者关于英汉语法的论断，即英语是"现实/非实现"和"体—情态"均不显赫而"时"显赫的语言，汉语是"现实/非实现"显赫而"时—体—情态"均不显赫的语言。

7. 从语法化视角观察，严格意义的英语虚化动词没有经历词汇化，但却经历了语法化，该语法化属于边缘性语法化(marginal grammaticalization)；而汉语的虚化动词，同时经历了词汇化和语法化。在语法化机制上，英语虚化动词主要有非范畴化和重新分析，而汉语虚化动词的语法化机制主要有去范畴化、介词并入和韵律因素。

本研究得出的结论对发展英汉虚化动词结构理论做出了一定的贡献，主要表现在：

1. 对英汉虚化动词结构的语法化进行了对比，发现了二者的诸多异同。

2. 对英汉虚化动词结构的语法隐喻性进行了对比，发现二者都具有语法隐喻性。

3. 英汉虚化动词结构在时体、情状类型等方面都有诸多差异。

本书写作参考了拙著《虚化动词结构的认知研究》(黑龙江大学出版社,2015)的部分内容和观点,该书主要探讨了英语虚化动词结构。本书旨在对英汉虚化动词结构加以对比,由于增加了汉语虚化动词的内容,在理论框架和分析工具的选择上都有很多变化。限于人力和时间,笔者未能较为充分地利用语料库技术手段对本课题做统计研究,这将是笔者今后的研究课题之一。

由于首次涉足英汉语全面对比研究这一领域,笔者颇感惶恐,好在国内语言学前辈对拙著给予了客观评价,肯定了研究取得的成绩,让笔者多少获得了一些安慰。王菊泉教授的评价如下:该书从句法、语义、时体、使用动因、语法化、认知转喻、语法隐喻、控制度、名物化等多个方面对英汉虚化动词结构进行了系统的对比研究,找出了英汉语言在上述各方面所存在的异同,实现了研究内容的创新。书中对英汉虚化动词结构的语法化、语法隐喻性以及时体方面的对比等,更是具有较大的理论价值。周流溪教授认为,该书作者能集众家之长并有所开拓,在研究方法上具有创新精神,特别是在英汉语言结合上,这种英汉语言的汇通研究更有价值。倪传斌教授认为,该书的创新性主要体现在层次性、对比性和应用性等方面。

汉语虚化动词与事件名词的搭配,似比英语还要复杂,跨类搭配情形比英语更为普遍,限于篇幅,本书没有在附录里列出能与汉语虚化动词搭配的事件名词。感兴趣的读者,可以参考刁晏斌《现代汉语虚义动词研究》一书。为方便读者查阅英语虚化动词与事件名词的搭配,笔者将原附录收入本书,原附录见张爱朴《虚化动词结构的认知研究》(2015)。本书中的附录已在原有基础上做了较大增补,并增加了能与 make 搭配的事件名词信息。附录里的事件名词,部分词需添加限定词,如 a(an)、some,方可与虚化动词搭配。附录所列词都有相应的动词,那些无相应动词的动词性名词以及合成词,一般不予列出。与虚化动词 do 搭配的事件名词,受时间所限,收集数量太少,未纳入附录。为保持格式的统一,笔者没有对语法信息逐一标注,特此说明。

# 本书使用的符号及缩略语[①]

| | |
|---|---|
| (　) | 括号内成分可有可无 |
| + - | 分别表示特征项的有和无 |
| ~ | 代指前面出现的某个词 |
| ? | 表示例证是否可接受值得怀疑 |
| * | 表示句子有语病 |

**缩略语**

| | |
|---|---|
| Aux | auxiliary |
| C | complement |
| CO | cognate object |
| COC | cognate object construction |
| CP | complex predicate |
| CP' | composite predicate |
| DVC | delexicalized verb construction |
| FSP | Functional Sentence Perspective |
| LV | light verb |
| N/n | noun |
| NP | noun phrase |
| O | object |

① 这些缩略语一般在书中多次出现。对于那些工具书已经收录的缩略语，为节省篇幅，原则上本书不再收录，如“谓宾动词”“准谓宾动词”等，在王维贤（1992）的词典里可以查到。

| | |
|---|---|
| Oev | eventive object |
| On | nominal object（指人间接宾语） |
| Ov | verbal object |
| Pa | patient |
| Oi | indirect object（指人宾语，限双宾结构） |
| Pr | preposition |
| S | subject |
| sb. | somebody |
| SVC | simplex verb construction |
| SVOV | 主语 + 动词 + 宾语 + 动词 |
| TLV | true light verb |
| V/v | verb |
| VAV | vague action verb |
| Vd | delexicalized verb |
| VO | 指动词位于宾语前 |
| 词化 | 词汇化 |
| 动宾 | 动词性宾语 |
| 谓宾 | 谓词性宾语 |
| 虚动 | 虚化动词 |
| 延时状语 | 延续性时间状语 |

# 工具书缩略语

| | |
|---|---|
| BBI | The BBI Combinatory Dictionary of English：a Guide to Word Combinations |
| LDCE | Longman Dictionary of Contemporary English (4th edition) |
| NOECD | The New Oxford English-Chinese Dictionary of English (8th edition) |
| OCDSE | Oxford Collocations Dictionary for Students of English |
| ECD | 《英汉大词典》(第二版) |
| NAECD | 《新时代英汉大词典》(缩印本) |
| NECDE | 《新英汉词典》(增补本) |
| 现汉(第7版) | 《现代汉语词典》(第7版) |

# 目录



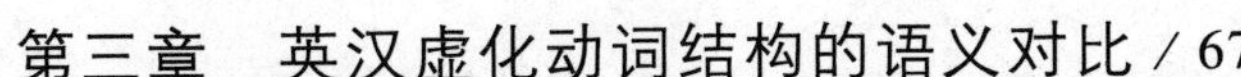

# 第一章　绪论

英语中有一类动宾结构，如 give a cry、have a drink、take a look at 等。该结构中的动词，尽管意义不甚具体（unspecific）或者说较笼统，但又不是完全没有意义。[①] 这类动词的特点是：当与一个名词化的表示活动（activity）或动作（action）的抽象名词搭配时，其语义变得虚灵[②]。因此，它不同于汉语中的某些粘宾动词[③]。以上结构或者短语只能作为整体或一个构式（construction），此时它具有陈述性（predicative），用以表示一个动作或活动。因此，它也是需要辞书立目的词汇单位（lexical unit）（Algeo，1995：204）。该结构里语义虚化（semantic bleaching）的动词被称作“轻动词”（light verb）（Crystal，2008：281）。[④] Poutsma 把该类结构称作“词组动词”，其解释是：这类连接（connection）[⑤]里的名词的语法功能多半指有效力的（effective）宾语的属性。

① 因为动词不可以随意替换，如 give a shriek ≠ have a shriek ≠ do a shriek（Quirk，1985：752）。认为该类结构中动词的语义并未完全虚化的学者还有 Brugman（2001）、Allerton（2002）等。

② 至于动词词义虚灵的机制，本书后面将讨论。

③ 兹指吕叔湘（1980）所说的形式动词（dummy verb），如“给予、予以、给以”。据笔者所知，杨锡彭（1992）、吴锡根（1995）先后对“粘宾动词”进行过论述。根据杨文、吴文，粘宾动词的动作性很弱，属于非动作动词（吴锡根，1995：183）。“加以”“予以”“给以”“作”等形式动词或虚化动词仅属于粘宾动词的一个次类，其他粘宾动词还包括：善于、叫、姓（动词）、操（动词）、怀、当、懒得、有待、充满、成为等。详见杨锡彭（1992）、吴锡根（1995）的论述。

④ 英语里可指称这类动词的还有别的名称，如词组动词（group verb）（Poutsma，1926：395），其他名称参见张爱朴（2012）的 2.2，或张爱朴（2015）的第一章。虽然名称各异，但指的却是同一语言结构，是异名同实。本书采纳桂诗春（2007）的译名“虚化动词”（delexicalized verb）。据笔者考证，术语 delexicalized 最早出自 Sinclair（1999），后被仇伟（2006）翻译为“乏词义”，卫乃兴（2007）译为“非词语化”。依据 Huddleston 和 Pullum（2004）等国外文献，“虚化动词”翻译成英语时，使用 light verb 似更妥，但是 light verb 在转换生成语法里的含义发生了变化，为了避免与转换生成语法的“轻动词”混淆，我们采用国内约定俗成的名称“虚化动词”（delexicalized verb）。据现有文献，汉语的“非词语化”“乏词义动词”作为术语的使用率并不高。非词语化和动词虚化、语法化的关系和异同是怎么样的，可以参见卫乃兴（2011：56－57）及张爱朴（2015）的论述。

⑤ 笔者认为，应指整个结构（construction 或 structure）。

由于连接性动词的语义模糊，从语义角度看，整个结构可以看作不及物词组动词。[①] 以上种种命名表明，学者们认识该语言现象的视角或出发点有别，同时从另一侧面也折射出其复杂的一面。英语中常见的这类动词有 do、give、have、make、take 等。[②] 多数情况下，虚化动词结构（delexicalized verb construction，以下简称 DVC）指在语义上与之相关或同义的语义具体的（specific）动词[③]（准确地说，DVC 发生了词汇化，尽管形式上是个结构，仍应视作一个词汇单位，即 lexical unit，亦有别于单个动词。具体论述可参见语义、语法化等相关章节），如本段开头三个动词短语从语义上分别与动词 cry、drink、look at 同义。

DVC 在其他语言中也存在，如德语 eine Antwort geben（答复）、eine Entscheidung treffen（决定）等，汉语"给予关注、加以攻击、进行批评、予以查处"等。这里的"给予、加以、进行、予以"，词义较虚灵，在汉语里被称作"虚化动词"（朱德熙，1985）、"形式动词"（吕叔湘，1980）等。[④] 虚化动词（以下简称"虚动"）仅起连接作用，本身词义较虚灵。与英语一样，汉语虚动和一个语义具体的动词，一起形成述谓结构，结构的意义靠那个语义具体的动词表示（王维贤，1992：366）。汉语虚动是粘宾动词的一个次类（杨锡彭，1992），或名"准谓宾动词"（朱德熙，1982）、"傀儡动词"（言久圣，1981）。其余名称，参见刁晏斌（2004）的论述。与英语虚动类似，汉语界对形式动词有着不同的命名，这也反映出形式动词的复杂性。汉语里的虚动或形式动词指书面语中出现的少数几个及物动词，如"进行、加以、给予、给以、予以、作"

---

① Poutsma 也指出，词组动词结构（如 give a loud cry）的语义与非词组动词结构（即简单动词结构，如 cry loudly）有差异。

② 确定英语里哪些动词属于常见或高频 DV，笔者参考了以下学者的文献：Algeo（1995），Dixon（1991；2005），Huddleston（2004），Brinton（1996），Quirk（1985），Biber（1999），Allerton（2002）。

③ 至于 DVC 是否可以由简单动词结构替换，这个问题颇为复杂，我们后面还会讨论。

④ 汉语的形式动词和英语的虚动，除了词义虚化外，二者语义并不对应。本书采用朱德熙（1985）所用的"虚化动词"。为行文之便，我们不明确区分虚化动词、形式动词。本书中二者可以互换，视作等同概念。

(俞士汶,1998)[①]。这些动词原来的词汇意义已明显弱化,其作用仅是置于某些词语的前边,在形式上形成动宾构造,而不改变原来词语的意义,有时省略并不影响原句的意义(王维贤,1992:371)。本书把由动词承载主要语义形成的结构,称作"简单动词结构"(simplex verb construction,以下简称SVC),把虚化动词[②]与表示动作、行为、事件的名词搭配而成的结构,称作"虚化动词结构"。表示动作、行为、事件的名词,即"事件名词"(eventive noun),其语法功能是充当"事件宾语"(eventive object)。[③] 英语中还有一类结构,与DVC非常相似,叫作"同源宾语结构"(cognate object construction,以下简称COC),如die a death、dream a dream、laugh a laugh等。因此,英语同义的DVC,可以用不同语言结构来表示;与之类似,汉语同义的DVC多数情况下也可以用多种结构来表示。从语言编码的经济性(economy)来看,应首选字词数较少的SVC。从形式同构(isomorphism)的角度看,COC和DVC理应能够同各自的SVC进行互换,但事实并非如此,其中隐含的原因值得探讨。Dixon(1991;2005)统计了英语中约700个最常用的动词,发现其中大约有四分之一的词能与have、take、give中的任何一个虚化动词结合形成DVC。这印证了Nickel(1968)的观点:英语复杂动词结构(这里指DVC)具有半多产性(semi-productivity)。自Jespersen(1942)首次提出"轻动词"(light verb)以来,直至2002年,轻动词才被当成一个语法术语固定下来(Huddleston and Pullum,2002);而汉语中的"虚化动词""形式动词"则是到二十世纪八九十年代才逐渐成为一个语法术语并固定下来(王维贤,1992;俞士汶,1998)。以往的研究

① 本书确定汉语虚动主要参考了以下文献:俞士汶(1998)、吕叔湘(1980;1999)。根据俞士汶(1998)的论述,汉语虚动主要有"给以、给予、进行、加以、予以"等。此外,"有"具备形式动词的属性,属于形式动词。需要说明一点,由于形式动词"有"的用法更为复杂,本书暂不把它列入研究范围。

② 亦可称为"轻动词",本书采用"虚化动词"的说法。为行文之便,本书不明确区分"轻动词"与"虚化动词"。

③ 事件名词,与虚动结合,既能做宾语,也能做主语。如"The invasion happened in 1944.",这里事件名词invasion做主语(Crystal,2008:176)。本书重点研究DVC中做动词宾语的事件名词。

对英语 DVC 和汉语 DVC 单独论述的相对较多,而把二者结合起来进行对比研究的少且零散,这显然不利于理论发展。本书在前人研究的基础上,从句法、语义、语用、语篇、功能等不同视角,通过描写和解释相结合、共时和历时相结合、归纳和演绎相结合的方式,对英汉 DVC 进行对比研究,旨在揭示二者的共性和差异,并尝试运用现代语言学的一些理论对造成二者差异的原因进行探讨,研究结果会对语言教学、翻译以及词典编纂有一定的指导意义。

## 第一节　英汉虚化动词结构对比的研究概况

本节就国内外学者对英汉 DVC 的研究做一概述,大致以谓语动词是否虚化,是否带事件名词为主线展开,内容涉及 DVC 的本体研究,如 DVC 的起源、属性、名称、界定与分类、成因、句法、语义和功能等,最后指出当前该主题研究存在的问题。本节 DVC 综述只针对 DVC 的理论研究,考虑到本书的研究目标,笔者不对 DVC 的应用研究进行评述。如果同一学者的观点没有更新,本节一般援引该学者的初次文献,这样处理也许更便于读者查考以及了解某一观点或假设的历史沿革。

### 一、虚化动词结构的起源及本质

#### (一)英语虚化动词结构

根据文献,Poutsma 应该是最早注意并对英语 DVC 做过研究的学者。[①]

① 关于英语构词的转化法(conversion),Sweet(1891:38 - 39)举有英语 DVC 的例子(如"He took a walk."),但 Sweet 没有对这一语言现象做过多论述,因此在学界未引起大家的注意。

Poutsma 说:“在现代英语中有一种明显的趋势,即通过一个意义模糊的动词和一个表示动作的名词组合来表达一个动作意义。后者是谓语的真正有意义的部分,而前者主要起着连接词语的目的。”以句子“He cried loudly”和“He gave a loud cry”为例,他说:“……这些连接关系里的名词的语法功能多数情况下起着有效的宾语的作用……但是由于起连接作用的动词意义较为模糊,从语义的角度看,整个搭配结构可以被看作是一个不及物短语动词(intransitive group-verb)。”(Poutsma,1926:395)但是对这个意义模糊的动词的认识,直到 Jespersen 的论述出现,才变得相对清晰(张爱朴,2015:17)。

DVC 和普通动词短语的根本差别在于本质属性不同。普通动词短语,如 give sb. a book 系自由搭配(free collocation),其意义可以从结构的构成成分之间的语义关系推导出来。DVC 则包含一个含有动词义的抽象名词,这赋予该类结构组合的受限特性;但由于其固化(fossilization)的程度不太高,DVC 的部分意义多半也能从构词成分中推测出来。Allerton(2002:5 - 6)在 Heringer(1989)研究的基础上,提出 DVC 是由简单动词扩展而来的观点,他把这种结构称作“扩展的动词结构”(stretched verb construction),未被扩展的结构则为“简单动词结构”(simplex verb construction, SVC)。Wierzbicka(1982:753)把这一现象看作是英语的“动词迂回结构”(periphrastic verbal construction)。虽然他们的表述有差别,但本质基本一致,即 DVC 多源自 SVC。其他探讨过 DVC 属性的学者还有张道真(1979:6)、陆国强(1983:28)和王逢鑫(1989:322,321)等。陆国强认为某些动词如 take、give 等和某些名词搭配使用后形成一个短语,动词的意义相对减弱(谓语里的主要意义由虚动后面的那个具有动词意义的名词体现),名词可以表示一种具体的动作或行为。王德春(1990)认为类似 give a jump(跳一下)、give a look(瞥一眼)的结构里动词 give 的词汇语法意义发生了变化,即词汇意义逐渐消失,逐渐向语法意义过渡。从认知语义的视角来看,动词词根(verb root)会经历“时间—空间”的跨域转换(intracategorial convertability of domain),基础动词词汇化为指称一具体动作或者活动的表达式,它具有时间属性并与语法形式联系起来,标志着物化(reification)的认知操作,这一操作在语义上使语词的对象被概念化为能够参与多数相同活动的具有物质属性的一种客体或物质,如得到或被给予(Talmy,2000:43 - 45)。事件宾语的这一语义特征有助于人们认识 DVC 和 SVC 之间的重要差异,尤其在体貌方面。这是 DVC 不能与表示有明显外在目标的成分组配的认知理据(motivation)。以上论述说明了 DVC 的本质特征:虚动的词义虚化,结构的整体语义基本上由一个从动词派生或转化而来的名词承载。

此外,部分学者如 Algeo(1995)、Brinton(2005)、王德春(1990)等还讨论了英语 DVC 的熟语性问题。王德春(1990)认为搭配一旦受到限制,它就开始从自由词组向熟语过渡,当一个词只能同个别词搭配时,就固化成为熟语。Brinton(2005:131)认为类似 lose sight of 的这种合成谓语(composite predicate)的意义通常被熟语化了(idiomaticized),它们可以经历词汇化进入词库(lexicon)。

## (二)汉语虚化动词结构

据笔者了解,对汉语形式动词的讨论始于二十世纪五十年代。当时讨论形式动词的有牧庵(1957)、胡竹安(1957)、刘培伦(1957)、黄岳洲和徐君德(1957)、陈迪明(1958)、王阳畛(1959)、东明(1959)、华景年(1959)等,以上学者讨论的焦点都是"加以"的词性问题。牧庵(1957)和陈迪明(1958:338)把"加以"看成动词,黄岳洲和徐君德(1957)把"加以"看成副词,胡竹安(1957:38)把"加以"看成介词结构,刘培伦(1957:38)把"加以"看成助动词。可以看出,当时,学者们各执己见,没能达成共识。此外,王阳畛(1959)探讨"加以"的语法特点,东明发表文章提出"'加以''予以'等应当彻底消灭",华景年撰文对东明发表在《人民日报》上的一篇文章《"加以""予以"及其他》一文予以反驳。[①] 把以上讨论集中起来,可以看出,除了对“加以”的用法及语法特点做了探讨外,学者们主要是对“加以”的词性问题进行了研究。在此期间,王年一(1959)讨论了“进行”的语法特点,认为“进行”不是可有可无的废字,关键是使用要得体。龚千炎(1961)讨论了“加以”的形成、特点和用法。龚文的研究在当时是较为深入的,证明了“加以”是动词,并且指出“加以”具有“处置义”。据现有文献,这可能是首次有学者提出“加以”具有“处置”的语法意义。上述学者对“加以”的研究是有成效的,如:从历时的角度讨论了“加以”如何固化为一个动词,进而确定“加以”的词类属性是动词;指出“以”的词义虚化,在“加以”里是个词缀;句法上注意到“加以”的搭配条件,以及“加以”没有什么实在的意义。但是,“加以”是什么动词,为什么没有实在意义,学者们也没有准确的论述。个别学者对它的词类、词性的认识不太符合语言实际。到二十世纪八十年代,对于“加以”类动词本质的认识开始出现转变。吕叔湘(1980)、言久圣(1981)、朱德熙(1985)几位先生,分别提出了“形式动词”“傀儡动词”“虚化动词”的概念。[②] 目前“形式动词”“虚化动词”的名称逐渐固定下来,并被学界接受(王维贤,1992;俞士汶,1998)。[③] 俞士汶的电子版《现代汉语语法信息词典》《现代汉语语法信息词典详解》(1998)在动词的分类里采用“形式动词”这一说法。据笔者所知,这是最早提出“形式动词”“虚化动词”的几家。此后不少学者在其语法学专著、论文中专门讨论了“形式动词”,其中讨论较为深入的有袁杰和夏允贻(1984)、朱德熙(1985)、周刚(1995)、陈永莉(2003)、刁晏斌(2004)、沈家煊(2013)、李桂梅(2015)等,还有一些虽未专门论述形式动词,但也有所涉及,如余光中(1988)等。

总之,汉语形式动词或虚化动词的提出,回答了这类语言结构的本质属

① 分别参见《中国语文》1959 年第 11 期 537 ~ 539 页和 1959 年 7 月 10 日发行的《人民日报》。

② 这一语言现象还有别的名称,见刁晏斌(2004)的论述。

③ “虚义动词”的使用应该仅次于上述两术语,但未见语言学词典收录。

性问题。二十世纪五六十年代,学者们已发现这类动词本身没有什么意义,但是它为什么没有意义,学者们并没有给出一个合理的解释,对它的词类、词性的认识也存在分歧。这些问题归根结底,是因为学者还没有从根本上认清其本质,这或许与当时国内语言学的整体研究水平不高有关。

### (三)虚化动词结构的本质

从以上讨论可以看出,英语和汉语 DVC 的本质有一共同点,即都是谓语动词词义虚化所致。对这类虚动的科学命名,国外在二十世纪四十年代就提出了,而国内是二十世纪八十年代前后才提出。有一点需要注意,英语 DVC 也被认为是 SVC 的迂回表达方式或结果。还有学者认为,很多英语 DVC 属于惯用法范畴,只能逐个留心记忆(马秉义,1995),即带有熟语性。黄和斌(2003)认为 DVC 是一种有标记的表达形式,这一观点与余光中(1988)对汉语的常态与变态的划分有点类似,即可以把变态看成一种有标记的表达形式。但是,汉语 DVC 缺乏英语特有的熟语性。

## 二、虚化动词结构的名称

自从学者开始关注和研究 DVC 以来,如何给这类结构命名一直是一个"老大难"问题。这一现象也反衬出 DVC 的复杂性和研究的困难。学者们的研究视角各有侧重,对其理解各异,这就使得对它的命名不统一。兹根据既往文献,对英汉 DVC 的名称加以回顾。

### (一)词义虚化

根据虚化动词的特性,学者们赋予英语虚动的名称有 Poutsma(1926)

的“词组动词”(group verb)、Jespersen(1942:117)的“轻动词”(light verb)、许孟庚(1992)的“‘虚动词+行为宾语’结构”、Biber(1999)的“动词+名词短语的组合”(verb + noun phrases)、Bussmann(2000)的“功能动词结构”(functional verb structure)①、张今(1981)的“虚动词”,以及桂诗春(2007)的“虚化动词”。Grimshaw(1988:205)、Huddleston(2002:290)、Culicover(2005:41)、黄和斌(2007)、于善志(2008)对其的命名同Jespersen(1942)。另外还有仇伟(2006)的“乏词义动词”(delexical verb)。通过中国知网检索发现,“虚化动词”的使用更为广泛。以汉语为研究对象,给这种结构的命名主要包括袁杰(1984)的“虚义动词结构”、朱德熙(1985:1)的“虚化动词”及吕叔湘(1980)的“形式动词”,周刚(1995)、俞士汶(1998)的观点同吕叔湘。此外,还有言久圣(1981)的“傀儡动词”、毛宏愿(1997)的“形式化动词”,以及刁晏斌(2004)的“虚义动词”。

英汉语对虚动的不同命名说明,这两种语言里的此类动词都属于动词大类里的特殊类别,也说明人类对它们的认知具有某种共性。

### (二)内部结构特点

按结构特点命名是和SVC相比较的结果。以这种方式命名,往往可以体现结构体的某些特征或属性。英语有Nickel(1968:3)的“复杂动词”(complex verb)、Jackendoff(1974:488)的“复杂谓语”(complex predicate)、Wierzbicka(1982)的“动词迂回结构”(periphrastic verbal construction)、Cattell(1984)和Brinton(1999;2005)的“合成谓语”(composite predicate)、Algeo(1995:203)和Leech(2009:166)的“扩充谓语”(expanded predicate),及Allerton(2002)的“扩展的动词结构”(stretched verb construction)。汉语

① 英文版书系据德文译出。因此,这里指德语中的功能动词。

有范晓(1987)的"先导动词"[①]及陈宁萍(1987)的"代动词"(pro-verb)。

### (三)结构成分

也有部分学者根据结构成分而非结构属性来命名。英语的名称如Leisi(1955)的"短语"(wortverband)、Vachek(1961)的"动词短语"(verbal phrase)[②]、Akimoto(1989)的"动名结构"(verbo-nominal construction)[③]、Nattinger(1992)的"词汇短语"(lexical phrase)[④]、Renský(1964)的"动名短语"(verbo-nominal phrase)、Mathesius(2008)的"动名述谓"(verbo-nominal predication)。Live(1973)、Dixon(1991;2005)分别称其为"take-have短语"(take-have-phrasals)和give a verb、have a verb、take a verb。黄和斌(2003)的命名同Dixon(1991)。此外,还有刘作焕(1995)的"'V + a(n) + N'结构"。近年来,国外学者把典型的DVC称为"复合动词"(compound verb),如take a nap(打个盹),并把它纳入到"多词表达式"(multiple-word expression)的一种下位结构[⑤]之中。汉语的名称有黄伯荣(1985)的"谓词性宾语动词"、朱德熙(1982)的"准谓宾语词",以及尹世超(1991)、吴锡根(1995)、杨锡彭(1992)的"粘宾动词"。

上述名称驳杂各异,但只有少数几个进入到语言学术语体系。从现有文献来看,英语DVC普遍采用"轻动词"和"虚化动词"的说法,汉语DVC普遍采用"形式动词"和"虚化动词"的说法。在任何研究领域,如果某个

---

① 按照范晓(1987:125)的观点,"加以、予以、给以、给予、致以"等,在句法结构中总是在别的动词前面,表示对某一对象施加某种动作。称其为先导动词,意思是它们在句法结构中,不能独立完成谓语的陈述功能,而是引导着有实际动作意义的动词出现,以完成谓语的陈述功能。范文的处理,在某种程度上也可以说是从功能角度对这类动词的命名。

② 转引自Stein(1991:2)。

③ 转引自Brinton(1996:186)。

④ 转引自Allerton(2002:5)。

⑤ 依据"The 11th Workshop on Multiword Expressions的2015年会议征文"电子邮件。

问题长期得不到合理解决，一个可能的原因便是这个概念本身或许就是个假概念，或者说指称该对象的概念本身在外延和内涵的对应性上存在逻辑问题（金立鑫，2009）。这是主观性工具概念（金立鑫，2007），学者使用概念时的内涵、外延不同，导致名称的混乱。Allerton（2002：5）对此做过评价，他认为 Poutsma（1926）、Kruisinga（1932：198）、Jespersen（1942：116－118）、Renský（1964）等都讨论过动词的扩展结构，但是除了 Renský（1964）给出“动名短语”的名称外，其他学者都没有为该现象提供一个有区分性的名称。这一语言现象还和熟语性及其他规约性短语有联系。显然，学界对于这种结构的认识还存在相当大的不确定性，这也说明了该结构本身的复杂性。

## 三、虚化动词结构的界定及分类

### （一）虚化动词结构的界定

研究 DVC，一个首要问题就是如何对它进行界定，这是继续深入研究的前提。关于英语 DVC 的界定，较有代表性的学者有 Dixon（1991）和 Allerton（2002）。Allerton（2002：20）认为，貌似 DVC 的假 DVC 和真 DVC 是有区别的，假 DVC 和对应的 SVC 在语义上有较大出入。如 annoy sb.（令某人烦恼）在意义上可以用 cause annoyance to sb. 取代，意义区别不大；feel annoyance at/with sb./sth. 与 be annoyed，意义也大致相当。但是 seek admission 与 admit 语义就不对应，seek admission 的意义是“请求（某人）的允许”，它在结构上与 DVC 相同，也是 SVO 结构，因为动词 seek 的意义没有虚化，它不是 DVC，与 admit 对应的 DVC 是 give admission（允许）。Allerton（2002）认为，判断一个多词结构是否属于 DVC，主要看它转换成 SVC 后，二者语义是否匹配，而不是单纯地依据结构做判定。[①] Allerton（2002）指出，还有一类结构外表貌似 DVC，但是仔细鉴别会发现它不是 DVC，而是由工具类名词转化成动词的结构，如 cast anchor（抛锚），虽然与 anchor（ship）同义，但前者不属于 DVC，论证从略。

概括起来，识别 DVC 的关键在于判断谓语动词词义是否虚化，以及结构里是否包含一个表示动作、行为或活动的事件名词。

另外，有的 DVC 没有对应的 SVC，是否应看成 DVC 呢？Allerton（2002：21）认为它们属于带缺陷的（defective）DVC。如 cause anguish for sb.、cause problems for sb.。Quirk（1985：751）给出的例子也属于该情况，如 do homework、have a haircut、make peace（with）、make an effort，《牛津英语搭配词典》里有 make war（on）等。以上结构中的动词词义虚灵，因此，也可以把它们看作 DVC。黄和斌（2003）认为 have a discussion、have regrets 都不是 DVC，因为事件宾语的词义与动词词根相比较，已经发生了变化。同理，"I had a chance to see Mary"和"I chanced to see Mary"，两句语义不同，也不属于 DVC。但是，也有国外学者持不同观点。Deane（1992：10）认为 have a chance to do sth. 属于 DVC[②]，DVC 在语义上通过类似 V + Complement 的句子得以解释。have a chance to do sth. 语义上相当于 be enabled to do sth.。以上说明，学者对 DVC 的界定存在狭义和广义之分。汉语 DVC 的界定也存在类似问题。如"搞"被视为"虚义动词"（刁晏斌，2004），但"搞"也有被排除在外的；动词"有"多不被看成形式动词，但也有学者把它归入形式动词（俞士汶，1998）。

综上所述，以上几种情形都与本书的主题属于同一大类，DVC 有广狭之分，或典型与非典型之分。那种采用非此即彼的绝对划分不是科学的研究，

① 为节省篇幅，详细论证略，读者可参考张爱朴（2012：12；2015：23－24）。以下英文部分同此。

② Deane 使用的是"轻动词"。

也不符合语言事实。①

## （二）英语虚化动词结构的界定

英语 DVC 的界定，目前来看，Dixon（1991：339 – 344；2005：462 – 467）的讨论相对更为全面。② Dixon（1991；2005）仅就三个动词 have、take、give 构成的 DVC 提出了四条界定原则。这些原则涉及四个要素：形式（form）、意义（meaning）、副词/形容词意义一致（adverb/adjective correspondence）和边缘成分保留（preservation of peripheral constituents），以下分别讨论。

1. 形式原则

在形式上，Dixon 认为一个动词迂回结构（即 DVC）应该显示：（1）主语和基础句（basic sentence）（即 SVC）的主语相同；（2）以 have、take 或者 give 作为主要动词；（3）动词基础形式（base form of verb）充当谓语动词后面的名词短语（noun phrase，以下简称 NP）的中心语（head），且该 NP 之前有一个不定冠词 a/an。据此，可以判断，例①是 DVC，例②、③都不是（证明从略）。

**①I had a kick of the ball.**

**②I had a kick from the horse.**

**③John and Mary had a discussion.**

显然，Dixon（1991）的界定属于狭义的 DVC，而根据 Huddleston（2002）的观点，例③属于广义的 DVC。

---

① 过于绝对的划分违背 Quirk（1985：90）的“级差原理”（gradience）。意思是说，语法概念有“核心”和“边缘”之分，既然如此，也就有处于二者之间的“过渡”状态，这其实是布拉格学派边缘理论的一种体现（钱军，1996）。

② Renský（1964：290）曾提出三条界定原则：a）能替换一个非派生的同义动词的可能性（文体变异）；b）限定动词语义相对空泛或无意义；c）在短语名词部分和被替换“实义”动词之间有句法衍生（或词汇关系）的动→名关系。Renský 的规则也能排除一些非 DVC，但显得有些刻板。如条件 a 把那些有缺陷的 DVC 排除了；又如条件 c 只注意了动名衍生关系，事实上有少数动作名词是名动衍生的（张爱朴，2012）。

2. 意义原则

这一原则指语义上动词的迂回表达结构同基础句相同。例如:

④a. **I looked in the suitcase.**

b. **I had/took a look in the suitcase.**

该组句子满足此原则,属于 DVC,而下列一组应予排除:

⑤a. **I chanced to see Mary.**

b. **I had a chance to see Mary.**

例⑤a 指"我偶然见到玛丽",强调行为的结果"见到",而例⑤b 的意思是"我有机会见到玛丽",但隐含"我可能没有利用这个机会去见玛丽",两句在语义上不对等,因此,例⑤b 不属于 DVC。

3. 副词/形容词意义一致原则

副词/形容词意义一致指在修饰方式上,修饰 NP 中心语的形容词和修饰动词的副词同义,但二者的语法功能不同,以下两组例子都属于 DVC:

⑥a. **John climbed easily up the rocks.**

b. **John had an easy climb up the rocks.**

⑦a. **He pulled the rope hard.**

b. **He gave a hard pull at the rope.**

试比较:

⑧a. **She scratched her mosquito bites for a long time.**

b. **She gave her mosquito bites a long scratch.**

c. **She gave him a long scratch on the leg.**

例⑧a、⑧b 的 long,都表示时间义,指"长久的",满足副词/形容词意义一致原则,例⑧b 是例⑧a 的 DVC;但是例⑧c 的形容词 long,表示"长度",指"伤口"的形状长,中心语 scratch 不表示动作,而表示动作结果"伤口",这表明 scratch 是个独立名词,give 的词义没有虚化,例⑧c 不属于 DVC。

Dixon 强调,如果存在副词/形容词意义一致的情形,则有助于区分动词的迂回结构和基础句；如果不一致，那是语言形式本身的问题，但这并不否定副词/形容词意义一致原则的识别功效。

4. 边缘成分保留原则

Dixon(1991:342)认为 HAVE A VERB、TAKE A VERB 结构与一个带有及物性的基础句有关，介词 of 极有可能被嵌入到直接宾语之前。例如：

**⑨a. I smelt the pudding. → b. I had a smell of the pudding.**

但是 GIVE A VERB 结构可能会同一个由介词引导 NP 的非及物性的基础句有关联，在 DVC 里，该介词被省略。例如：

**⑩a. Mary winked at John. →Mary gave John a wink.**

若不考虑核心成分的差异，基础句中所有的边缘成分应该完全保留在 DVC 中。例如：

**⑪a. I always swim in the pool before breakfast on weekdays.**

**b. I always have a swim in the pool before breakfast on weekdays.**

Dixon 对 DVC 的界定是狭义的。从英语学习者的角度来看，DVC 不应该被限定得过于严格。学者之所以对 DVC 的界定不一，一种可能是注意到了限定动词的虚化有程度之别。Dixon 讨论的 give、have、take 结构，其虚化度较高，没有本质区别，但是在某些语法属性、事件名词的指称性/化的程度方面略有不同，这一点后文将论述。

### （三）汉语形式动词的界定

早期注意到形式动词的学者，如华景年(1959)、东明(1959)、言久圣(1981)、申小龙(1988)等，并没有直接给形式动词下定义。后来，吕叔湘(1980)、朱德熙(1985)、吉政(1996)等对形式动词的界定做出了阐释。吕叔湘(1980:27,258)认为：形式动词只能带双音节动词宾语，真正表示动作的是后面的动词，后面动词的受动者常常在前面。这类动词只有“进行、从事、给以、予以、给予、装作"少数几个。做宾语的动词不能再带宾语。朱德熙(1985:1)对于形式动词给出了比较全面的定义:"虚化动词指书面语里出现的如'进行、加以、给予、给以、予以、作'等少数几个及物动词。这些动词原来的词汇意义已明显弱化,其作用仅在于加在某些词语的前边在形式上造成动宾构造,而不改变原来的词语的意义。在某些句子里把它们去掉并不影响原句的意思,而且有些虚化动词可以互换而不改变原义,虚化动词可以说是一种形式动词(dummy verb)。"关于形式动词的范围,吉政(1996:197)认为主要根据两个特点来确定,一是能带一个动词组成动宾结构,二是本身不表示具体的动作行为意义。

除了以上学者,申小龙(1988)、周刚(1995)、俞士汶(1998)、刁晏斌(2004)也都讨论了形式动词的界定问题,如申小龙(1988:69)从词义虚实的角度讨论了形式动词,申文认为,动词"进行、给予、加以"本身的词义削弱或几乎消失,在句子中只能充当形式上的述语,让后面的动词宾语负载整个述宾构造的语义信息。申文还讨论了此类结构的语义特征,但没有解释究竟什么是形式动词。周刚(1995)给出了形式动词的定义:"指现代汉语的一类动词,它们只能或能够带一个动词构成表处置和对待的述宾结构,本身却不表示具体的动作行为意义,起着一定的句法和语用的作用,而让动词宾语负载具体的动作行为信息,这类动词被称作形式动词。"周文的定义突出了形式动词的语义功能。俞士汶(1998:76)认为,形式动词是准谓宾动词的一个子集,其特点是所带宾语只能是准谓词性宾语,而且词义已经虚化,有时可以去掉形式动词,语句仍是合法的,意义也没什么变化。刁晏斌的《现代汉语虚义动词研究》(2004)是一部研究汉语形式动词的专著。作者在该书中,没有对形式动词给出严格意义上的定义,只是从形式动词的特征上做了阐释:第一,虚义动词是意义非常宽泛的一类动词;第二,虚义动词是一种"类义"动词;第三,虚义动词包含两个下位的"义类";第四,虚义动词是就某一义项而言的。刁晏斌的论著属于解释,也不是严格意义上的定义。其他学者虽然没有专门讨论形式动词,但在论述中也涉及了形式动词的特征,作为参数以便鉴别形式动词,如杨锡彭(1992)把形式动词视作“粘宾动词”。胡明扬(1996)说:“只有经得起计算机处理语言那样‘先分析,后理解’的检验,才能证明语法学家的分析是正确的。”若承认胡先生的观点,则俞文对形式动词的界定相对比较严谨,其分析是科学有效的,其界定原则的可操作性也是显而易见的,因为俞士汶等学者是从事中文信息处理的计算机专家,他们编纂《现代汉语语法信息词典详解》,是为了实现汉语句子的自动分析与自动生成(俞士汶,1998:前言)。

### (四)虚化动词结构的分类

DVC 的分类涉及分类原则或标准,由于审视 DVC 可以从不同的视角出发,DVC 的分类标准就多种多样。关于英语 DVC,做出较有代表性分类的主要学者有 Live(1973)、Kearns(1988)、Allerton (2002)、Hiroe (2006)等。Live(1973:42 - 50)按照事件名词的形态和相应的动词类别将 DVC 分为及物型(transitivity)、不及物型(intransitivity)和其他型三大类。及物型和不及物型又细分为两个次类,共有五类,即类型Ⅰ(及物)、类型Ⅰ(不及物)、类型Ⅱ(对应及物动词)(Type Ⅱ corresponding verb transitive)、类型Ⅱ(对应不及物动词)(Type Ⅱ corresponding verb intransitive)、类型Ⅲ(Type Ⅲ)。类型Ⅰ的两个次类的 pattern(型式)结构里的事件名词都与相应的基础动词同形,如 make an address(及物)、give an answer(及物)、take account(不及物)、have an appeal (不及物);类型Ⅱ的两个次类的型式结构里的事件名词与相应的动词都不同形,如 take advice(及物)、do choice(及物)、have an agreement(不及物)、make an application(不及物);类型Ⅲ的型式结构的事件名词没有对应的动词,如 give cognizance[①]、take oath 等。Live 的分类简单明了、

① 今天 cognizance 已有相应的动词 cognize。

易于操作,不足之处是容易抹杀不同事件名词的属性。

Kearns(1988:2)依据语法特征(grammatical property),把DVC分成两类:典型轻动词(true light verb,简称TLV)和模糊行为动词(vague action verb,简称VAV)。[①] 如give the floor a sweep、give a groan、have a lick of ice-cream等结构属于TLV结构;而make an inspection、give a demonstration、do the ironing等属于VAV型结构。VAV经历了Szabolsci(1986)所描写的谓语词义淡化(bleaching)过程。为了能识别这两类结构,Kearns提出六种测试方法以甄别类属。这六种测试方法为:

(1)被动转换。

(2)WH词移动(WH movement)。

(3)代词化(pronominalization),TLV的名词性补足语不能代词化(指用一个代词替换一个名词短语NP)。

(4)有定性(definiteness),TLV的名词性补足语必须是无定的(indefinite)。

(5)TLV的补足语NP的特征,包括:①NP的中心语和一基础动词同形,这一同构特点对于have结构尤为明显(Kearns,1988:4),此时事件名词的使用将受限;②表示动作行为的词干名词(stem noun)(即事件名词),特别是可以出现在TLV结构中的这类名词,不准许(license)在最大投射(maximal projection)中表示论元(argument)的NP出现,但这一规则不适用于VAV,VAV的中心语在其他名词性语境(environment)能自由出现,准许在最大投射中表示论元的NP出现。

(6)特殊语义特征。特殊语义特征不是所有TLV都具备的,它们和动词本身有关。Kearns(1988:5)认为最为显著的一点是,使用TLV结构能使动作或事件显得不那么重要,而这一点与经常使用此类结构作为模棱语

① 张高远(2009:163)把TLV翻译成"纯粹虚义动词",VAV翻译成"模糊动作动词"。

(hedging)策略是一致的。笔者认为 Kearns 得出的结论总体上符合语言法事实,因而是可信的。许多语法书对 DVC 语料的选择和论述基本上与 Kearns 的分类吻合,如 Huddleston (2002)、Biber (1999)及黄和斌(2003)等。

Hiroe (2006:7 - 11)基于动词的语义体(semantic aspect)和动词的行为类型把 DVC 分成三种:

(1)dance 和 sleep 类,该类有个共同点:在某些情况下,SVC 往往表示活动(activity),而 DVC 可以表示活动或者完成(accomplishment)。对于 dance 类,若事件名词前有不定冠词 a(n),则可以表示活动,在句法上可以与时段状语(adverbial of duration)搭配,但由于 a(n)同时也可使 DVC 具有明确的终点(endpoint),因此 DVC 有"终结[体]"(telic),能表示完整义(perfective meaning),此时 DVC 表示完成,在句法上可以与 in 带的框架状语(frame adverbial)搭配。相比较,sleep 类的事件名词只表示活动,时间上没有明确的终点,具有"无终体"(atelic)特性,它形成的 DVC 只能与时段状语搭配。

(2)光杆名词(bare noun)类,事件名词是不可数名词或者物质名词,因此 DVC 中的事件宾语前没有不定冠词。由光杆名词形成的 DVC 只表示延续性活动,时间上没有终点。Hiroe 认为:光杆名词类 DVC 具有非完成性特征,只能与 for 引导的时段状语连用。

(3)瞬间动词(punctual verb),这类 DVC 由虚动和瞬间动词构成。

Allerton (2002:18 - 19)首先就结构体的构成成分对英语动词的扩展结构做了初步区分。他的分类包括 be 结构,共有六大类,其中第六类 thin verb + obj. 属于本书讨论的 DVC 结构 $V\varnothing + Obj_{ev}$,如 make criticisms、give help to sb.、make a decision。另外,Allerton(2002:169,175 - 192)根据语料库区分出了高频虚动(thin verbs of high frequency)①,如 do、give、have、make、take 等;中频虚动(thin verbs of medium frequency),如 feel、grant、offer、provide、re-

① 这里仅介绍与本书有关联的类型。

ceive、suffer 等;低频和更低频虚动(thin verbs of low and very low frequency),如 add、dance、drive、launch、lodge、put 等。英语 DVC 属于超常搭配,是英语动宾词组的变体形式,是通过采用隐转喻互动编码形成的(张爱朴,2015:94)。Allerton 对扩展结构与 SVC 在深层语义关系上体现的联系性所做的分类,显然属于广义的分类。不及物动词 arrive、come、exist、indulge 等形成的结构,熟语性似乎相对较强,因此对其自足性条件、形成机制及使用规则的研究不太现实,许多英语词典将其当成习语收录。

从以上分析看出,英语 DVC 大致从语法特点、体特征和结构成分进行分类,不同分类各有特色,也有一些不足,但总体上英语 DVC 的分类更为复杂,这一点从以后讨论 DVC 句子主语与谓语的语义关系时就会看到。

相比较,汉语形式动词主要是依照语义分类的,有的学者不做分类,如朱德熙(1985)、俞士汶(1998),还有学者未明确分类,如范晓(1987)、李临定(1990)等。范晓注意到先导动词与“进行”在语义上有所不同,“进行”“作”表示从事某种活动的意思,在语句表达上,一般多用于把所从事的具体活动引导出来,但还是有别于先导动词。先导动词如“加以”表示对某一对象施加某种动作。“加以”不具有实义,但是否应将这些动词分类,范文没有明示。李临定(1990:105-107)讨论了三个形式动词“进行、加以、作”,认为“加以”构成的句型特点和“进行”构成的基本相同,所不同的是,“加以”没有表示“时”“体”“量”的形式。李著没有从语义或别的层面对形式动词进行分类。从语义角度对汉语形式动词进行分类的代表主要有周刚(1987;1995)和刁晏斌(2004)。依据语义特征,周刚(1987;1995)认为形式动词可以分为两个次类:(1)加以、给以、予以、给予;(2)进行、作。周文描述了这两类动词在语义、语法特征方面的差异(李桂梅,2015)。刁晏斌(2004)综合了前人的研究,从语义角度也把形式动词分成两个大类:一是“做”义类,包括进行(行)、从事、做、作、搞、干、弄;二是“处置”义类,包括加以(加)、给予、予以(予)、给以。刁文囊括的形式动词的数量较多,如“弄”

“搞”也被归入形式动词①。但是,动词“有”是否也应列入形式动词,大多数学者没有给出十分肯定的说法。

## 四、虚化动词结构的功能对比研究

### (一)英语虚化动词结构的功能

无论英语还是汉语 DVC,它们的形成,可以说都离不开其特定的功能,而这一功能是其他结构无法或难以替代的。因此,DVC 形成的动因研究、语用研究,从某种意义上说,也是一种功能研究。功能研究清楚了,动因或语用属性从某种角度说也就清楚了。依据 Brinton(1996:186)的研究,现代英语有一明显特点,即功能词加上一个动作名词构成的结构频率在激增,如 take/have a look。这类结构大约在 1800 年前后得以充分使用,并在英语里存在至今(Brinton,2005:130－131)。DVC 和 SVC 基本同义或有关联,狭义的 DVC 在特定语境中可以和 SVC 互换。既然某些意义能用 SVC 表达,为什么还需要 DVC 呢? 这至少与 DVC 的语篇语用功能有关。Jespersen(1933:74)曾指出 DVC 的出现符合历史发展的趋势,但还不能认为这就是 DVC 产生的真正动因。

根据 Nickel(1968:14－18)的观点,DVC 的三个特点决定了它的广泛使用。一是简单动词中,内容价值(content value)和句子价值(sentence value)②融为一体,但在复杂结构中,构造成分呈分离状态,内容价值包含在名词中。Nickel 认为,从语言运用层面来看,这种“分工”或许是句子构造中的

① 有学者提出“泛义动词”,如燕燕(2004)。其实燕燕只是未明确区分广义、狭义的形式动词,她的“泛义动词”和人们对“形式动词”的理解没有本质区别。

② 指语法功能,如人称、数、时等,参见 Nickel(1968)的论述。

结构性经济的一个方面。二是在 DVC 中,并列结构更为简化。三是在复杂结构中,名词的修饰方式多样化,造成无限的语义差异,其中包括名词可以被关系从句修饰。除此之外,Vachek 的功能句子观(Functional Sentence Perspective)也是促使人们使用 DVC 的要素之一。

关于 DVC 里名词与修饰语的关系,Halliday(1985:135;1994:146-147)曾做过阐释。Halliday 认为 DVC 之所以受人喜爱,是因为,跟动词相比,名词的开放潜力更大,如名词能够以不同的方式被其他成分修饰。某些 DVC 不宜用对应的 SVC 替换,如 have a hot bath、make three serious mistakes 等。此外,Halliday 认为表示结果的 NP 还可以在句中充当主位(theme),在小句里充当参与者(participant)。Halliday 的论述证实了 FSP 的作用(Mathesius,2008:80-84)。从修辞角度看,胡壮麟(1989:83)认为,英语 DVC 里的事件名词带修饰语能为英语增添某种表现力。章振邦(1989)认为 DVC 的产生是由于尾重原理(end weight)的作用。由此可见,胡文、章文都将 DVC 的产生看成某种语用修辞效果。徐伟儒(1998:15)则认为 DVC 是一种隐喻,同简单动词相比,DVC 多富有感情色彩。Algeo(1995:205)基于修辞效用,也认为"扩充结构"(expanded construction)使用频率的增加部分源于英语的语法变化,但是也和语体有关。Quirk(1985)认为双及物扩充结构不是把被活动影响的参与者当作焦点,而是以活动本身为焦点。Quirk 其实是在论述交际动力(communicative dynamism)的驱使导致了 DVC 的广泛应用。此外,单及物扩充结构有利于避免使用无修饰语的 SVC,因为这类结构在英语中不大受到人们的偏爱(Quirk,1985)。

Goldberg(1995)探讨了英语双及物构式(ditransitive construction)。她认为这类构式涉及施事和受事之间的转移(transfer),如"Mary gave Joe a kiss"和"Mary's behavior gave John an idea"与几种系统隐喻(systematic metaphors)有关。基于题元理论,张爱朴(2004:29)认为,英语动词的扩展结构与 SVC 并存主要是因为受到了"示差原则"和"语用认知因素"的影响。

Renský (1964)及 Höche(2009)分别提到,使用 DVC 可以使及物动词的补足语省略,或令 SVC 里动词的论元(argument)省略。Renský 和 Höche 使用的术语虽然不同,但本质是一样的,只不过前者从句法层面而后者从语义层面讨论。例如:

* **John stated → John made a statement.** (Renský,1964 )

* **I tried to correct → I tried to make a correction.** (Höche,2009)

英语 DVC 的产生还有词汇个体语义差异及语篇衔接的因素在起作用(张爱朴,2014)。仇伟(2010)以 give 结构为例,探讨了"英语事件类双及物构式",他发现,该构式具有量化、聚焦和有界化功能。

概括起来,英语 DVC 的功能性动因十分复杂,对该主题的研究存在争议在所难免,其主要原因是,DVC 的使用往往并非单一因素作用的结果,这些因素中既有句法因素,也有语用修辞、心理认知等因素,甚至有韵律因素。有一点是肯定的,即每一种因素都有可能产生某种特定的效果,如修辞是为了追求语言的生动性,尾重原理是为了突出信息焦点,而冗长的表述有数量象似性原理的驱动,等等。

### (二)汉语虚化动词的功能

汉语虚动的功能研究多从语用修辞角度来进行,对该主题进行探讨的文献也比较多。朱德熙(1985:4－5)认为,从语用的角度考虑,形式动词起着标记前置受事的作用,如"他们对这批性质和来源都不相同的资料不得不加以整理"。周刚(1995:282)认为形式动词的作用有:(1)可以表达正式、庄重的语气,这是由于形式动词由古汉语演化而来(袁杰、夏允贻,1984),具有典雅的文牍色彩,利于表达正式的语气;(2)可以增强语势,起强调作用;(3)在一定语境下,可以省略受事,使行文简洁;(4)使动词成为信息焦点,这主要是因为在形式动词结构中,名动词往往置于形式动词之后,处于句子末端;(5)使动词话题化,可令名动词前置于句子首位,以连贯句子,起划分句群的标记作用[①]。周文的研究借用了西方功能句法的 FSP 理论与话语标记理论,因此对功能的论述有较强的理论深度。刁晏斌(2004)也讨论了形式动词的语用功能,但基本上是对袁杰和夏允贻(1984)观点的总结,没有提出更新的观点。鲁川(2001:256)提出形式动词"加以、予以、给以、给予"等具有焦点标记、话题标记功能。沈家煊和张姜知(2013)探讨的是形式动词的语用功能是否需要与句法功能分开,以及能否将二者统一起来。沈文认为应该确立"名动包含"模式,原因是在"名动分离"的模式下,汉语形式动词的功能遇到诸多问题,包括前后矛盾、循环论证、缺乏内在联系等;而在"名动包含"的模式下,形式动词的句法功能可以与语用功能有机地统一起来。这样,虚动的功能就体现在"增强谓语的陈述性和宾语的指称性"上。[②]

## (三)功能对比

迄今为止,英汉 DVC 功能的对比研究文献还极其有限。袁杰和夏允贻(1984:36)是较早涉及该主题的,他们发现英语与汉语动词的虚化类似,即动词的词义削弱或几乎消失,而与其他词构成一个词组,该词组的含义主要由其他词来承担,动词主要起句法作用。张高远(2008;2009)认为英汉 DVC 有某些共性,如 DVC 具有聚焦功能、变换话题的功能,以及平衡句法结构的功能。但是从功能角度来看,英汉 DVC 有哪些不同,张文未予讨论。

① 其所以如此,可能与汉语以语段为取向、英语以句子为取向有关(曹逢甫,1995:41)。

② 沈家煊的"名动包含"模式(2009;2013;2015)有赞成者,如王文斌(2013:171),但也不乏反对者,如石毓智(2016),他认为,名词和动词之间相互转换是各种语言都有的,但是它们谁也不可能包含谁。石文认为词类通过概念形成,而不同民族概念化外在世界的角度或者方式不一样,外在的形式只是表面现象,这表现在个别词汇,乃至整个词类上。因此,"名动包含"模式只是个假说,其正确与否还需要实践检验。鉴于"名动包含说"是个有争议的问题,本书对此不予讨论。

仇伟(2006)认为,受“末端重量”信息原则的支配,英语虚动能发挥结构的补充作用,同样,汉语中“进行、受到、加以”之类的形式动词(dummy verb)能使介词结构后面的名动词复杂化以满足结构上的要求。仇伟(2015:16)以认知语言学的构式语法为基础,观察了英汉 DVC 的大量实例,研究发现英汉 DVC 都能发挥宾语修饰和宾语聚焦的功能,但是在体现社交指示和语篇发展方面呈现出一些差异。如在社交指示方面,尽管英汉 DVC 都有缓和语气的功能,但汉语还有着英语不具有的特性,即汉语具有增强语势的效能;而在语篇方面,英汉 DVC 都能充当语篇衔接的手段,二者的不同点表现在,英语 DVC 的衔接是通过采用“重述”(reiteration)而实现的,而汉语则采用“替代”(substitution)来实现衔接功能。仇文从构式语法、语篇分析等多个角度论述了英汉 DVC 的功能问题,是目前这一主题研究中少数理论深度较强的文献之一。

以上学者从句法、语义、语用、语篇等方面讨论了英汉 DVC 的功能问题,揭示了二者的异同,为其他学者深化该主题研究奠定了基础。

## 五、其他方面的对比

针对英汉 DVC 的对比研究,除了以上功能外,一些学者也对其他问题进行了探讨。Macfarland(1995)、Höche(2009)、张爱朴(2013;2015)的研究都涉及了英语 DVC 和英语 COC 的对比问题。张爱朴(2015)认为,COC 也非同质,需要区分同源宾语和同义宾语。在实际使用中,Höche(2009)认为英语 DVC 的使用频率比 COC 的略高;句法特征方面,典型 DVC 无被动转换,而 COC 在特定条件下可以做被动转换。此外,英语 DVC 和 COC 在语体色彩、使用动因等方面也有差异。英语 DVC 和汉语 DVC 都需搭配一个事件名词,方能完成交际功能,而英语事件名词和汉语事件名词对比研究的文献很少,目前仅看到陆丙甫(2012)有相关论述。陆文指出,表示复杂社会现象的事件名词在两种语言中基本相似,它们构成了事件名词的核心,即最容易落实为名词的都是复杂事件,编码上也往往容易落实为专职名词,如 discussion(讨论)、operation(手术)等,但二者也有差别,表现为复杂事件在汉语中落实为专职名词的数量远少于英语,即事件名词在汉语中主要落实为兼类词。

张高远(2008)讨论了英汉 DVC 的认知机制。张文引用 Langacker(1987)的例子,认为 SVC 如"He fell"指说话人从事件轴上看事件,采取顺序扫描(sequential scanning),而与之同义的 DVC"He took/had a fall"与时间无关,该事件可以被视为一个整体,采取总体扫描(summary scanning)。由此可以得出结论,SVC 和 DVC 呈现的是同一情景形成的两个不同"意象"(image)①。张高远认为,汉语 DVC 和对应 SVC 的区别也可以从这种角度讨论。例如:

**①我军对敌人阵地进行了轰炸。**

**②我军轰炸了敌人阵地。**

这两句具有转换关系,尽管表示同一客观事件,但一个是 SVC,另一个是 DVC,意象也就不同。SVC 的"轰炸"勾勒(profile)过程,而在 DVC 里,虚动"进行"勾勒过程。但张文并没有就汉语其他虚动(给予、加以、给以)的认知机制展开讨论。

这也许说明,Langacker 的"扫描说"能否解释汉语 DVC 的机制,目前还无法给出确定的结论,毕竟汉语有着与英语迥异的特征,如动词、名词的界限不明显,词、词组的界限不明显等。

## 六、英汉虚化动词结构对比研究存在的问题

前文从虚化动词的起源与本质、DVC 的名称、界定及分类、功能对比等

① 这里的"意象"(image)不同于文学批评中的"意象"。根据张敏(1998:101-102)的论述,意象是 Langacker 为描写语义结构而设立。人类的心理活动可以由感知体现,但人类相当多的心智活动并不直接与感知及外在客体相连。当没有相关的感知输入时,类似的知觉感受仍可出现,这种知觉感受就是意象。

多个角度对英汉 DVC 做了回顾。从既往研究看,英汉 DVC 对比研究还有如下问题:

ⅰ.学者们虽然讨论了英汉 DVC 的语义问题,也涉及了二者的时体,但英汉 DVC 句在时体上存在什么共同点和不同点,都鲜有论述。

ⅱ.学者们分别讨论了英汉 DVC 的功能,但是英汉 DVC 在功能上,特别是使用动因上有什么共性和个性,还有待进一步研究。

ⅲ.英汉 DVC 的谓语动词从历时角度经历了词义的变化(semantic change),最终词义变得虚灵。那么它们的属性是词汇化,还是语法化,尚存争议。本书作者拟对此进行探讨。姑且撇开词汇化、语法化,有一点是肯定的,即英汉 DVC 的限定动词都虚化了。但是现有文献显示,汉语的形式动词的虚化程度是不一样的,英语 DVC 是否也存在类似情况,英汉 DVC 的虚化程度是怎样的,见第六章。

ⅳ.关于英语 DVC 的认知机制,有学者如 Goldberg(1995)认为,双宾 give 形成的 DVC 是一种系统隐喻(systematic metaphor)。张爱朴(2015:177 –184)认为转喻是英语 DVC 形成的认知机制。那么,汉语 DVC 形成的认知机制是否也与此有关,还需要进一步探讨。

## 第二节　本书的研究对象、目标和方法

### 一、研究对象

本书以英汉语中常见的几个虚动形成的 DVC 为研究对象,其中英语主

要研究高频虚动，即 give、make、have、take[①] 等。之所以选取这些词作为研究对象，是因为这些词的搭配能力强、能产性高，研究得出的结果会具有较高的概括性，揭示出的规律性会更强。由于存在貌似 DVC 而实际上不是的某些结构，进行研究前需要对英语 DVC 的范围加以界定。本书排除如下结构：

（1）专职事件名词（含复合词）形成的 DVC，如 make an effort（make efforts）（努力）、make a game with（欺骗）、have a haircut（理发）、do homework（做家庭作业）、make peace（和解）、have a problem with（不同意做某事）、make war upon（对……进行战争）、give an example（举例）、make a noise（吵闹）、have a habit（有……习惯）。依据 Algeo（1991）的论述，上述结构里的事件名词可以作为独立名词使用，这类结构更接近普通动宾结构。本书一般把这类 DVC 排除在研究范围之外。

（2）由名词转化成表示工具的事件名词形成的 DVC，如 cast/weigh anchor。[②]

（3）英语里某些结构貌似 DVC，名词和动词词根（verb root）或词基（verb base）同构，但处于动词后宾语位置上的名词往往指称一个实体（entity），即它们可以作为独立名词使用，并不表示动作、行为、事件或结果，如 have a good look（长相好看）"[名词 look 指某种实体 appearance（外表，外观），have 指"拥有"，语义具体或实在]、give a dance（舞会）、give sb. a watch（送给某人一块手表）、have a chance（有机会）、give no sign of（没有……的迹象）、give sb. a long scratch on the leg（某人腿上留有一道长长的伤痕）、give sb. a lick of sth.（允许某人舔某物，此处 give 表"允许"之义[③]）。以上结构不在本

① 英语高频虚动的确定主要依据 *Oxford Dictionary of English Grammar*（2001），兹转引自刁晏斌（2004:83）、Biber（1999）和 Allerton（2002）。动词 do 虽在多部文献里被当作虚动，但鉴于其用法较为复杂，本书不做重点探讨。

② 依照 Allerton（2002:21）的观点，这类结构里的谓语动词、事件名词词义较具体，不属于 DVC。

③ 转引自 Dixon（1991:343）。

书研究之列。

(4)have 表示 experience(经历,遭受)之义,如 have a heart attack(have 相当于 experience)、have a slip[①]。

本书研究的英语 DVC 具有如下特点[②]:通常情况下,它有一个在意义上与之相同或相近的 SVC,且 DVC 在句法特征上以主动态为主。成为英语 DVC 事件宾语的成分主要是表示简单动作的名词[③],如 bite(咬,叮)、chat(闲谈,聊天)、cheer(欢呼,喝彩)、cough(咳嗽)、cry(叫喊,呼喊)、dance(跳舞,舞蹈)、dive(跳水,潜水)、drink(饮,喝)、fight(搏斗,打架)、groan(呻吟)、kick(踢)、kiss(吻)、push(推)等,更多的词例详见本书附录。那些由动词通过派生(derivation)而形成的事件名词,与虚动构成非典型 DVC,不做重点探讨,如 advice(劝告,忠告)、approval(批准,认可)、argument(争论,辩论)、consideration(考虑)、definition(定义,解释)、description(描写)、demonstration(论证,示范)、inspection(检查,视察)、objection(反对)、observation(注意,观察)、performance(演出)等。[④]

汉语 DVC 结构,选取"加以、给以、予以、给予、进行"等形式动词形成的结构。[⑤] 这些动词形成的结构也不全是 DVC,需要结合多个参数加以甄别。

## 二、研究目标和方法

本书拟通过检索中外语料库,结合学者的专著、期刊论文(含论文

---

① have a slide 里的 have 表示"从事活动";have a slip 中的 have 表示"经历,遭受"。

② 具体的 DVC 界定原则,参见本章第一节的第三部分。

③ 合成词,尽管也表示简单动作,亦不予讨论,如 lie-down(小睡,小憩)、think about、look for 等。

④ 这些词形成的 DVC 属于 Kearns(1988)所说的 VAV 结构。

⑤ 与以上形式动词搭配的事件名词很多,刁晏斌(2004)所列比较详尽,为节省篇幅,本书附录从略。

集)、硕博论文、权威工具书等中外文献,收集大量例证,以语言事实为据,对它们进行观察、分析和比较,以对英汉 DVC 的形成机制进行对比,旨在揭示语言规律,从而发现二者的异同;探讨影响英汉 DVC 及句子自足性的因素,寻求能进入 DVC 的事件名词的分类及语义特征,总结 DVC 使用的理据;探讨动词的虚化和事件名词指称性的关系;探析英汉 DVC 功能上及时体上的异同;探讨英汉 DVC 的属性、英汉虚化动词与词汇化、语法化的关系。

英汉 DVC 在一定程度上都具有标记性。英语 DVC 已经在英语中固定下来(黄和斌,2003),具有惯用法的性质(马秉义,1995),也有学者认为它有熟语性(idiomaticity)(Brinton,1999)。这样的语言编码,其形成机制一定会涉及句法、词法、语义、语篇、语用等多个层面,因此,想要系统研究 DVC,"必须多角度、多层次、全方位地研究语言,才能深刻认识语言的本质"(王德春,1996:27)。基于此,本书主要采用当代对比语言学(Contrastive Linguistics)理论,并根据情况所需,综合运用历史比较语言学、语言类型学、词汇语义学(Lexical Semantics)等现代语言学的研究成果,对英汉 DVC 进行多视角的对比,旨在揭示英汉 DVC 在宏观及微观层面上的共性和个性,来帮助人们正确地认识 DVC 和 SVC 之间、DVC 和结构相似的 COC 之间的异同。本研究将在既往研究的基础上,尽可能地广收有关英汉 DVC 的书面资料,利用语料库技术加以统计,采用描写和解释相结合、共时和历时相结合、归纳和演绎相结合的方法,兼顾形式和功能,对 DVC 的形成机制和动词词义虚化的机制进行解释,对 DVC 的句法语义特征予以描写。由于所对比的英汉 DVC 在语义上并不对应,一般需要从功能范畴出发加以比较。有一点值得注意:所做的对比要力避比附。所谓比附,指仅根据某种表面的相似性而盲目地把两个项目等同起来,"只见其同不见其异"(王菊泉,2011)。

# 小　结

本章从英汉语 DVC 的起源、属性、名称、界定与分类、成因、句法、语义和功能等层面,对英汉 DVC 的研究概况进行了回顾,肯定了前人的成果,同时指出了这一主题研究中尚待解决的问题。这些问题主要涉及英汉 DVC 句的时体、英汉虚动的语法化程度、虚动的控制度与动词宾语的指称性的关系等。此外,本章对后文的研究对象做了界定,概述了本书的研究目标和要解决的问题,提出了研究拟采用的方法。

# 第二章　英汉虚化动词结构的句法比较

本章将基于对以往文献和笔者收集到的语料的观察，找出其中英汉DVC结构中的动词性宾语(verbal object)[①]句法的共性和差异，并尝试对造成句法差异的原因加以解释。

## 第一节　句法研究的意义

虚化动词，即虚动(Vd)，也称轻动词(LV)，是转换生成语法术语，指一些语义较虚，但在句子中却发挥着主要句法功能的动词。如英语句中“She takes a look in the mirror every morning”中的takes充当谓语，体现该句的时、人称、数，但意义却很虚，主要的动作信息由后面的事件名词look承载。虚动后的成分也可以前移至其位置并取而代之，上句可以改写为“She looks in the mirror every morning”[②]。与虚动共现的、表示动作行为的动词性成分被称作“事件名词”，在句中做动词宾语(Ov)[③]。根据俞士汶(1998:76)的说法，汉语虚动是准谓宾动词的一个次类[④]，其特点是所带

① 典型英语虚化动词的宾语，被称作事件宾语(Quirk，1985:750)。但由动词转化的抽象名词，如cry、swim、walk等，动词性仍很强，为了与汉语形式动词的动词性宾语统一起来，我们把虚动后的宾语统称为动词性宾语，简称动宾，参见注释3。

② 转引自语言学名词审定委员会编《语言学名词》(2011：15)。

③ “动词宾语”这一概念，出自于吕叔湘(1980:27)的“宾语$_{动}$”。我们认为吕文之所以说“动”，是因为汉语无形态变化，动词置于形式动词后，仍是动词。但不可否认，它的指称性有所加强。Quirk(1985:750)称英语虚动后的动词性宾语为“事件宾语”(eventive object)，因为此处的宾语表示一个事件，尽管其“过程义”和“状态义”的界限并不明确。本文中这两个概念通用。上引里的look，从结构层面看，是“动词性宾语”，从词类层面看，是“事件名词”，因为在形式上它受冠词修饰。

④ 按照尹世超(1991;2005)的说法，形式动词也是黏着动词的一个次类。

宾语只能是准谓词性宾语,而且词义已经虚化。有时可以去掉虚动,语句仍是合法的,意义也没什么变化,如"首恶分子必须予以惩办"中的"予以"(朱德熙,1999:319)。由此可以得出一个结论,即英汉语虚动有一个共同点:本身词义虚化,它们形成的结构的动词信息主要由 Ov 来表达。① 上述所列词语都是实词,它们的词义虚化,即实词虚化,西方称之为"语法化"(grammaticalization)(沈家煊,1994)。② Bybee(2003)认为"语法化"指"一个词项或一系列项目成为语法语素(grammatical morpheme),在此过程中,词项的分布或者功能发生变化"。词项的语法化具有如下特点:语法化的结果是,词项在特定结构中成为语法语素;经历过语法化的词项,其原来特定的、具体的词义变得泛化、抽象,典型的例子就是 be going to。语法化结构的使用频率会随着语言的发展急剧增加,而发生语法化所引起的变化是渐进性的,往往伴随形式和功能的变异。笔者认为,英汉 DVC 中的谓语动词(虚动),在不同程度上都经历了语法化,这成为本书进行英汉 DVC 对比研究的主要基础。

对于 DVC 句法的探讨,国内外学者早有论述,但是他们的研究要么是单纯讨论英语 DVC,例如 Dixon(1992)、Brinton(1999;2005)、Stein(1991a;1991b)、钱军(2001)、黄和斌(2003)等,要么单纯讨论汉语 DVC,如朱德熙(1982)、周刚(1995)、刁晏斌(2004)等。英汉 DVC 对比研究的相关文献十分有限。从现有资料看,以往学者在进行英汉语言对比时,间接涉及到英汉 DVC 对比研究的学者主要有王寅(1990)、何善芬(2002)等,他们的研究并不主要讨论虚动问题。如王文的研究是探讨英汉语的宏观结构区别性特征,何善芬的研究是为语言教学服务。总的来说,其宗旨并不是研究虚动,而且他们的研究还有很大的拓展空间。进入二十一世纪以来,部分学者采

---

① 英语的事件名词是事件论元(event argument),有别于名词性论元(nominal argument),参见 Macfarland(1995)的论述。关于"事件名词",见第一章中的注释。

② DVC 的语法化,见本书第七章。

用国外语言学的理论和方法来进行英汉 DVC 的对比研究，如张高远(2009)、仇伟(2010;2015)等。这些学者的研究是对英汉 DVC 对比的专门研究，其中也涉及 DVC 的句法问题，但只是集中在英汉 DVC 语句的个别问题的讨论上。总的来看，他们的研究更多的是针对英汉 DVC 的功能和语体特色等问题，对句法的探讨很少。因此，英汉 DVC 的句法研究还有进一步讨论的必要。

## 第二节　句法比较

### 一、虚化动词与事件名词的搭配

英汉虚化动词与事件名词的组合，其共同点是虚动带一个事件名词①，两者一起构成动词复合体(syntagm)。充当动宾的事件名词分两类：(1)不及物类，如英语 give a groan、take a nap 中的 groan、nap；汉语"做斗争，进行罢工"中的"斗争、罢工"。(2)及物类，如英语 have a bite/smell (of the cake)、take a sip of wine 中的 bite/smell、sip，及物性的事件名词带一个受事，受事需通过一个介词来引导(黄和斌，2003)；汉语"予以惩办，加以论证，给以批评"中的"惩办、论证、批评"，其中事件名词的受事位置相对比较灵活(下文将谈)。就汉语虚动而言，这类动词既不能充当主语，也不能做谓语，除非后头带着宾语，其中包括"加以"等(朱德熙，1961：58f1)②，这也是汉语虚化动词被称为"粘宾动词"的缘由(关于粘宾动词，参见本书第一章)。

① 本书只讨论虚动带一个事件名词的情形。

② 本书夹注中页码后面的"字母 + 数字"表示引文系此参考文献中该页的注释，字母后的数字指原注释编码。

## 二、虚化动词结构的时体标记

英汉 DVC 的另一共性是，Ov 经常和虚动的时体标记共现。不同的是，英语虚动既有时标记，也有体标记，时体变化形式较多，如“She gave a deep sigh”“We took a swim naked”；而汉语虚动没有时标记，但有体标记，体标记限于“着、了、过”。汉语 DVC 因虚动不同，可带的体标记也不相同，如“进行”可以带体标记“着、了、过”，组合成“进行着/了/过支援”；“给予”只可以带“了、过”（俞士汶，1998：387）[①]，组合成“给予了/过批评”。其他虚动不能带体标记，如“加以 * 着/ * 了 * /过，给以 * 着/ * 了 * /过”，具体原因见第六章论述。

或许由于英语 DVC 编码复杂，且其过去时形式也可表达完成义，因此，实际交际中英语 DVC 使用完成体的情形并不常见，尽管理论上完全可以使用完成体。

汉语虚动的体标记的使用受到限制，究其原因，与 DVC 中宾语的语义特征有关。位于上述几个虚动“加以、给以、予以”后的动词的语义特征可以标记为[ + 完成，+ 要求受事]（周刚，1995）。以“加以”为例，它表示“如何对待或处理前面所提到的事物”（现汉第 7 版），因此，虚动与“加以”构成的复合体在情态上表示“非现实”（irrealis）；而“着”是“进行体”标志，“了”是“完成体”标志，“过”是“经历体”标志，“了”和“过”在时间进程上都表示“现实”（realis），“着”表示正在成为“现实”。这样，由“加以”构成的 DVC 的情貌体意义（情貌义）“非现实”与几个体标志“着、了、过”的情貌体意义“现实”构成冲突，从而制约句法成分的表现。其他几个表处置义的虚动，除

① 周刚（1995：265 – 266）认为“加以、给以、予以、给予”后边不可以加助词“着、了、过”，但这一论断不太符合语言事实。刁晏斌（2004：400）提到，“给予”带体助词“了”，此外还有个别虚动带“着”。

“给予”外都与此相同。与之对立的是“进行”，它的时体标志不受限制，这一点与英语 DVC 类似，原因是“进行类”DVC 的情貌义，既可以表示“现实”，也可表示“非现实”，这与“着、了、过”的“现实”一致，因此句法成分不受结构的情貌义变化的影响。

除此之外，受虚动影响，处置类 DVC 在句法上不能用表示时量的短语扩展（周刚，1995:267）。英语典型 DVC 如 give 结构，也不能添加时段状语（即延续性时间状语）加以扩展（张爱朴，2015:121）。

## 三、动词宾语的位置

虚动是一种粘宾动词，也是一种功能动词（function verb）（Bussmann，2000:175，178），它必须与一个动词性成分组合构成一个复合体，主要起语法作用。Ov 在英语 DVC 里的位置相对固定，在汉语中则相对灵活。

英语 Ov 的位置有两个：

ⅰ. 当 DVC 为主动式时，Ov 位于虚动的后面，是动词宾语，此类 DVC 限于典型 DVC①。例如：

①**She stretched her arms out and gave a great yawn.**

②**We had a laugh over that one.**

ⅱ. 当 DVC 是被动式时，Ov 移到句首，位于虚动之前，充当句子的主语，此类 DVC 限于非典型 DVC。例如：

③**An inspection was made sometime last week.**

试比较主动式：**sb. made an inspection sometime last week.**

④**A demonstration of the new equipment will be given on Monday.**

---

① true light verb 和 vague action verb 的划分出自 Kearns（1988），TLV 属于典型虚动，VAV 属于非典型虚动。若本书后文中未做特别说明，则提到的 DVC 默认为典型 DVC。

试比较主动式：sb. will give a demonstration of the new equipment on Monday.

汉语 DVC 中 Ov 的位置有两个：

ⅰ. Ov 位于虚动后，这些虚动包括“予以、给以、给予、加以、进行”等。例如：

⑤有人在学术问题上求教，他尽全力予以启发。

⑥对于劳动竞赛中优胜的个人应当给以奖励。

⑦各级人民政府及其有关部门按照相关规定给予表彰、奖励。

⑧他们必须把这批资料加以整理。

⑨他们花了整整一年时间进行调查。

⑩在贯彻教育的努力中，要不断地与片面追求升学率的错误倾向做斗争。

ⅱ. Ov 位于虚动前，这又可以分成几种情况：一种是 Ov 位于句首，做句子的大主语，这主要限于“进行”构成的句子；二是位于句首，Ov 做句子的主语，这也限于“进行”类 DVC 句；三是由介词“把、将”等引导构成介词词组，位于主语（主语可省）和虚动之间，这类虚动包括“进行、作”。例如：

⑪这项工作我们必须持久地进行。（大主语）

⑫他们的考试正在进行。（主语）

⑬大家把产品质量检查做好。（介词词组）

⑭将革命进行到底。（介词词组）

## 四、虚化动词结构中的受事位置

### （一）英语虚化动词结构的受事位置

带受事的 DVC 里的 Ov 由及物动词转化或衍生而成，其中 give 结构中的受事可以出现在单及物和双及物 give 结构中。下文将具体讨论受事的几个不同位置。

1. 受事在虚动和宾语之间

此种情况限于少数有双及物构式的虚化动词，受事可以指人或物。S Vd Pa Ov 格式限于 give 结构。例如：

①a. **He gave the ball a kick.**（辛克莱，2007）[①]

b. *** He gave a kick to the ball.**

②a. **Judy gave Bal's hand a squeeze.**（ibid）

b. *** Judy gave a squeeze to Bal's hand.**

以上两组句子中出现了 kick 和 squeeze，这两个 Ov 的受事位置固定。例①a、②a 合格，例①b、②b 不合格。例①a、②a 是典型双及物 give 结构，只能以内与格（internal dative）的形式进行编码。[②] 试比较：

③a. **He gave the postgraduates a demonstration of this technique.**

b. **He gave a demonstration of this technique to the postgraduates.**

④a. **She gave (me)**[③] **a description of him.**

b. **She gave a description of him to me.**

⑤a. **He made us an offer of $ 100.**

b. **He made an offer of $ 100 to us.**

⑥a. **He made them a donation of $ 100.**

---

① 关于本书国外著（作）者人名的处理，这里做一说明。如果参转引的学术专著在国内有中译本，原则上本书正文以通行的汉语译名代替外文名。书后附有《常见外国人名英汉对照表》，参考文献附有国内外出版社信息。对于那些国内引进的专著，即原著（含部分编译本，只是给出术语译名，缺少全文翻译），仍使用外国人名，参考文献也提供国内外出版社信息。

② 此规则限于事件名词与原动词同形类 DVC，即典型 DVC。对于非典型 DVC（事件名词多由动词派生，带后缀，如 inspection，但此类中也存在少数事件名词与原动词同形的情况，如 offer 类），不受与格的位置限制，见例③、④。典型、非典型 DVC 之分一般仅就英语而言。内外与格的概念，见 Wierzbicka（1988）、钱军（2001）的相关论述。

③ 括号里的 me 说明本句的受事是可选的（optional）。

b. He made a donation of $100 to them.

例③~⑥都有两种句子格式,或者说受事都有两个位置,一个位置与典型双及物 give 结构的受事位置相同,形成 Vd Pa Ov 格式,另一个位置是位于 Ov 之后,此时需由介词引导,介词多为 of(见后文),形成 Vd Ov Pr Pa 格式。双及物 give 结构的受事为什么只能位于虚动和 Ov 之间,以往学者曾探讨过,但还缺乏说服力。如有学者认为,虚动 give 与受事、动词宾语一起形成"共享论元结构"(shared argument structure)(Jackendoff,2010:147)[①]。依据 Culicover(2005)的理论,例①a、②a 的主语既是虚动 give 的施事(agent),又是 kick 和 squeeze 这两个 Ov 的施事,这种句法映射(syntactic mapping)不是单个动词 give 与它的 Ov 实施的,而是由整个 DVC 来实施的(Jackendoff,2010)。笔者认为,在共享论元中,虽然一个名词充当两个动词的施事,但实际操作中仍呈现不同的特点,即前一个施事是显性的(explicit),后一个是隐性的(implicit)。例①a、②a 有个共同点,即在虚动和 Ov 之间都有一个表示人或物品的实体名词,它们分别是 ball 和 hand。句法上它们是 DVC 投射的结果,但在 D-结构(D-structure)上,它们无疑是表示动作的事件名词映射的受事。这一现象困扰了一些学者,如 Cattell(1984)、钱军(2001),并促使学者们对其成因加以探讨,Dixon(1991)、Goldberg(1995)、程琪龙(2004)、王寅(2011)都提出了一些观点。

Goldberg(1995:95)认为有时隐喻扩展(metaphorical extention)不能出现在介词释义构式即致使—移动构式(caused-motion construction)中,但能出现在双及物构式(ditransitive construction)中,原因是两种构式的语用结构不同,具体来说就是信息结构不同。以 give sb. a kick 为例,这个构式的信息焦点是 a kick。假如要突出动词的受事(sb.),可直接使用 kick sb.。

① 所谓"共享论元结构",指虚动和 Ov 共有一个论旨角色。以例①为例,句子主语 He 是 give 的施事,同时也是 kick 的施事。

笔者认为 Goldberg 的解释力尚不及 Quirk(1985)提出的末端焦点(end focus)假说。王寅(2011:81)认为,句子“His girlfriend gave him a pinch”成立,而“His girlfriend gave a pinch to him”不成立,原因是,在动作 pinch(拧)发出之前,并不能说主语就一定领属了“拧”,其间的领属关系实在是太模糊了,传递的过程无法突显,用与格(dative)形式不合适。王先生的解释,实质是想从认知视角解释句法的语序问题,但难以验证,显得有点玄乎。Dixon(1991:345)以 give Mary a push 为例,解释了受事 Mary 只能取间接宾语位置的原因:结构 Give a N 的及物动词宾语需具有具体化、个体化的指称性,才适合占据宾语位置,若令冠词 + 动词词基(verb base)形成 NP,此处的动词词基本身已不具备上述特征,这时再让 Mary 降级成为介词短语,则 push 做第一宾语就显得不合理。笔者认为 Dixon 的解释同样没有回答“动作动词(action verb)为什么不能直接充当 Ov”的问题。Langacker(2001:39)和程琪龙(2004:21,22)从路径(path)和终属(resulting state)的视角来解释类似 give(给予)类动词取双名和名介(to)结构的动因。按照他们的解释,一些传递类(transfer)动词句,如“Mary gave him a kick”“They gave the truck a strong push”,之所以采用双名结构而不采用名介式句法结构,是因为若从概念内容出发,kick(踢)、push(推)都表示动作,而且是表示影响由第一名词短语所表达的实体的动作。这一动作可以通过隐喻连通关系实体化,因此施加影响力的动作可以视为实物被送至终属(resulting state)。对于上引为何采用名介式结构(路径)不被接受,Langacker 和程琪龙都没有给出解释。分析至此,我们可以想到,一种句式可以隐喻化,另一种却无法隐喻化,那么隐喻化条件是什么?这其中的很多机理都还没有被揭示出来。

笔者认为,Dixon 的指称论分析、Langacker 和程琪龙的认知分析、Goldberg 和王寅的构式语法分析虽不无道理,但他们似乎忽视了英语 DVC 的熟语性。[①] 部分 DVC 属于受限搭配,意义不完全基于词汇义的组合,而是词汇义和构式义互动的结果,语序相对较为固定,而语序的选择有约定俗成的性质。Sinclair(1999)的惯用原则较适合作为上引受事位置的理据,见下文。

> 语言使用者有大量现成的半预制短语供其选择,换言之,使这些短语看起来像可分析的切分片段。从某种程度上说,这或许反映人类相似事态的复现;或许反映人们努力寻求语言经济的自然趋势;或者部分受真实会话要求的驱使。

英语 DVC 的这种熟语性与动宾的特点有关。据钱军教授讲,典型 DVC 结构的宾语是个动作名词(action verb),它不能指称实体(entity),无法移至句首做主语。

2. 位于虚动和动宾后

黄和斌(2003:245)认为,如果基础句(即 SVC)中的动词为及物动词,那么 have/take + a/an 结构中就要有一个新的句法位置给及物动词的宾语,这个位置通常由介词 of 来引导。事实上,通过观察大量例证,黄文的观点不仅适用于 have/take + a/an 结构,也适用于 give 结构、make 结构。就英语而言,DVC 中 Ov 的受事一方面在句法上充当介词宾语,同时在逻辑上它也是 Ov 的受事,但在 SVC 里,它只是动词的受事。英语之所以需要一个介词引出 Ov 的受事,是因为动词进入 DVC 后无法为受事赋格,只得借助介词补此之不足,来满足句法赋格要求。这多用于 have、give 等结构,上文中的例句③~⑥,即非典型双及物 DVC 所采用的其中一种格式 S Vd Ov Pr Pa,也属于这一类。例如:

---

① Huddleston 和 Pullum (2002:291)认为,轻动词与名词的组合相当多产,并非所有的这类组合结构都能被看作词汇单位(lexical unit)。这句话告诉我们,仍有部分轻动词与名词的组合可以被看作词汇单位,这应该包括句法结构相对固定的双及物 give 结构(指典型类)。

⑦**May I have a drink of your beer?** (Stein, 1991)

⑧**After a while he seemed to lose interest in the discussion and to be browsing in the Tennyson on his own account. When the tutorial was over and the students had left, he asked Robyn if he could borrow it.**

**'Of course. Why, though?'**

**'Well, I thought if I have a read of it, I might have a better idea of what's going on next week'.** (Lodge, 转引自 Stein,1991)

⑨**He was too shocked to give an account of what had happened.**

⑩**Soap opera stuff, Polly thought, giving an angry shake of her head.** (Lurie, 转引自 Stein,1991)

⑪**He took a huge gulp of brandy.** (LDCE,2009)

⑫**"I'll be up in a minute." He took a bite of his sandwich, still thinking of that Saturday afternoon, the day before Aaron.** (COCA)

⑬**Lenin made a deep study of the works of Marx and Engels.** (张道真,1981)

⑭**They made a quick examination of the patient.** (ibid)

除了及物类 Ov 带受事成分之外,少数及物化的不及物类 Ov 也可以带受事。例如:

⑮**Let's take a look round the exhibition.**

3. 位于动宾和虚动之间

这限于非典型 DVC,其中的事件名词由动词加后缀派生,表示复杂事件。例如:

⑯**A demonstration of the new equipment will be given on Monday.**

⑰**A thorough inspection of the radio was given before I bought it.**

此时,Ov 置于 Vd 前,Vd 以过去分词形式呈现,句子发生了被动转换。

## (二)汉语虚化动词结构的受事位置

与英语比较,汉语DVC里Ov的受事位置要复杂得多。根据相关文献,汉语DVC里Ov的受事位置主要有:

1. 在虚动前

受事占据句子主语位置,形成所谓的受事主语句。例如:

**①他们的基本问题应该加以解决。**

**②首恶分子必须予以惩办。**

以上两句的语法格式可以表示为Pa Vd Ov。

2. 在主语和虚动之间

受事成分往往由介词引导,处于主语和虚动之间,形成受事前置句(朱德熙,1985)。例如:

**③共产党员要对这种不正之风予以坚决的抵制。**

在一定语境下,主语也可省略。例如:

**④对于这种损坏公物的行为应当给以批评。**

语法格式表示为Pr Pa Vd Ov。

3. 在主语前

受事成为"大主语"[①],可由介词引导,但介词有时也可省略。例如:

**⑤这段公案人民会给以正当裁判。**

**⑥(对)这种情形我们要加以修正。**

例⑤、⑥的语法格式为Pa S Vd Ov。

4. 在虚动和动宾之间

此时,受事常做事件名词的前置定语。例如:

---

① "大主语"又名"大句主语",即主谓谓语句中全句的主语。如:这个人耳朵软。句中"这个人"就是大主语,详参赵元任(1979:57)。

**⑦我们正在进行(对)土地制度的改革。**

语法格式为 Vd Pa Ov。

5. 在主语和事件名词之间

这种情况主要见于“把”字句。例如：

**⑧大家把产品质量检查做好。**

语法格式为 Pr Pa Ov Vd。

6. 受事置于虚动和动宾之间

这一格式对应英语的双宾句式。例如：

**⑨给予他批评教育。**

语法格式为 Vd Oi① Ov。

7. 受事在动宾前面

此时形成一个偏正结构，受事在句中做主语。例如：

**⑩方言调查已经进行。**

语法格式为 Pa Ov Vd。

此外，汉语的受事还有一个位置，即它可以出现在另一个动词短语里，如“这一批资料来源和性质都不相同，**我们不得不加以(进行)整理**”(转引自朱德熙，1985:5)。此类句子中“受事”已游离于 DVC 之句外，这一特点汉语有而英语无，其原因有待进一步研究。

## (三)英汉虚化动词结构受事位置的对应情况

前面讨论了英汉 DVC 结构中的受事位置。据此可以把英汉 DVC 的受事位置的对应情况进行归纳：汉语 DVC 受事的位置因虚动类型的不同而有所不同，少则两个，多至三个，由处置类虚动做谓语时，受事共有四个位置；

① Oi：indirect object，表示指人宾语。

由“进行”做谓语时，受事也有四个位置，两大类去除重复的部分，用公式可以表示为：Pa Vd Ov / Pr Pa Vd Ov /Pa S Vd Ov / Pa Ov Vd / Vd Pa Ov / Pr Pa Ov Vd C/ Vd Oi Ov；而英语 DVC 受事的位置根据事件名词及句子格式的类型变化有所不同，少则一个，多至三个，用公式可以表示为：Vd Ov Pr Pa / Vd Pa Ov /Vd Oi Ov Pr Pa / Ov Pr Pa be Vd-en。观察英汉两组语法格式，会发现英语的受事除 Vd Pa Ov 格式外，都置于 Ov 后，且在其中两种格式里做介词宾语。英语 DVC 受事前的介词是必需性成分（obligatory），而汉语的受事都在 Ov 之前，其中介词多数情况下是任意性成分（optional）。以上英汉受事相对于 Ov 的不同词序显示，英汉 DVC 的编码顺序有着很大的差别。英语的受事位置相对固定，汉语的受事位置灵活，造成这一现象的原因有很多，其中一点，我们认为可能是两种语言焦点标记的位置不同，也可以说是信息分布差异所致。这在一定程度上印证了石定栩（2000）提出的汉语句法灵活性的观点。以“我们应该解决他的住房问题”为例，这里“住房问题”成为焦点，但若强调“解决”的迫切性，就需要添加“加以”，从而把“解决”移到句尾，成为焦点标记（鲁川，2001）。但是由于结构需要，或者说句法限制，有了“加以”后，“解决”不能再带受事宾语“住房问题”，解决办法是把受事前置（朱德熙，1985）。

### （四）英汉虚化动词结构动词性宾语位置的对应情况

在厘清英汉 DVC 受事位置对应情况的基础上，只需换个视角，英汉 DVC 的 Ov 相对于受事位置的异同情况也就清楚了。对英语 Ov 的分析显示，英语的受事位置有四个，而汉语的受事位置多达七个。这里列出两种语言的句法格式，以观察二者的对应情况：

英语

**Vd Ov Pr Pa / Ov Pr Pa be Vd-en / Vd Pa Ov / Vd Oi Ov Pr Pa**

**HAVE**

(Vd Ov Pr Pa)

have a bite of the cake

We had a discussion about law.

**TAKE**

(Vd Ov Pr Pa)

take a sip of the wine

take an inspection of sth.

(Ov Pr Pa be Vd-en)

an inspection of sth. be taken

**MAKE**

(Vd Ov Pr Pa)

make a calculation of the costs

(Ov Pr Pa be Vd-en)

a calculation of the costs be made

(Vd Oi Ov Pr Pa)

make sb. an offer of $100

**GIVE 双宾结构(典型)**

(Vd Pa Ov)

give sb. a kiss

give the car a wash

**双宾结构(非典型)**

(Vd Ov Pr Pa)

give a demonstration of the technique to sb.

(Vd Oi Ov Pr Pa)

give sb. a demonstration of the technique

(Ov Pr Pa be Vd-en)

a demonstration of the technique be made

汉语

**Pa Vd Ov / Pr Pa Vd Ov /Pa S Vd Ov / Pa Ov Vd / Vd Pa Ov / Pr Pa Ov Vd C/ Vd Oi Ov**

**予以/给以/加以**

(Pa Vd Ov)

首恶分子必须予以惩办。

先进分子(要)给以表彰。

(Pr Pa Vd Ov)

对丧失劳动能力的继承人加以照顾。

(Pa S Vd Ov)

(对)这种不正之风我们要予以抵制。

这种情形我们要加以修正。

**给予**

(Pa Vd Ov)

对老弱病残孕给予照顾。

(Pa S Vd Ov)

(对于)设备我们要给予保证。

(Vd Oi Ov)

给予他批评教育。

**进行**

(Pa S Vd Ov)

就业问题你厂进行安排。

(Pa Ov Vd)

方言调查已经进行。

(Vd Pa Ov)

进行(对)土地制度(的)改革。

通过以上对比,我们不难发现,英汉 DVC 的 Ov 位置有一个共同点,即多置于虚动后面,形成动词复合体,做句子的谓语。但由于英汉 DVC 受事位置差异较大,因此,英汉 DVC 语法格式除了 Vd Pa Ov 和 Vd Oi Ov 以外,都很难做到格式上的对应。概括起来,英语 DVC 的 Ov 位置数总体上比汉语的少。

## 五、不及物类动词宾语的位置

英汉 DVC 都有不及物类 Ov 与虚动结合构成的 DVC(简称不及物型)。由于少了受事,结构相对简单。

### (一)英语动词性宾语的位置

英语不及物型 DVC 的 Ov 位置和虚动类型有关。take/make/do 结构的 Ov 都有两个位置,一是置于虚动后(典型 DVC),句法格式是 Vd a(n) Ov,如 take a rest /take action /make a jump /do a dance;二是置于虚动前,句法格式是 Ov be taken,如 action be taken / achievement be made /transport be done。have 结构因为没有被动式,所以动宾只有一个位置,即置于虚动后(位置与 DVC 典型与否无关),句法格式是 Vd a(n) Ov,如 have a talk。give 结构的 Ov 有三个位置,一是置于虚动后(典型 DVC),二是置于虚动前,三是置于 Ov 和实体宾语后,句法格式是 Vd a(n) Ov/ Ov be taken/ Vd Oi a(n) Ov,如 give a cry /a definition be given / give sb. a glance。一些典型英语 DVC 的 Ov

只有一个位置，且受到句法制约，无被动转换。究其原因，依据 Taylor (2001:210)的观点，受施事行为影响的受事很容易成为被动句的主语，而一个类似被动句(passive counterpart)的结构不合句法，表明及物动词句的宾语丝毫未受施事的影响。概括起来，英语 Ov 可以出现在三个位置上，用句法格式表示为：Vd a(n) Ov / Ov be Vd-en/ Vd On a(n) Ov。钱军教授对此也做了解释，参见上文论述。

## (二)汉语动词性宾语的位置

汉语 DVC 里 Ov 的位置也和虚动的类型有关，如处置类虚动的 Ov 都是及物动词，要求带受事，Ov 的位置在上文已经讨论。不及物类 Ov 只出现在"进行"类结构中。"进行"的 Ov 有五个位置，一是置于虚动后，如"进行游击战""进行表决"；二是置于介词和虚动之间，如"把革命进行到底"；三是置于助词、虚动前，如"复试正在进行"；四是置于虚动和补语前，如"试验进行顺利"；五是置于大主语的位置上，如"这项工作我们必须持久地进行"。以上含有 Ov 的"进行"类结构，其句法格式可以表示为 Vd Ov /Pr Ov Vd C / Ov Aux Vd / Ov Vd C / Ov S Aux Vd。

## (三)英汉动词性宾语的位置对应情况

从以上分析可以看出，英汉 DVC 句中 Ov 的位置都与虚动的类别有关，或受其影响。不同的是，英语 Ov 的位置相对单一，汉语 Ov 的位置则较为复杂。根据周刚(1995)的论述，处置类虚动有"加以、予以、给予、给以"等，它们的语义结构要求跟施事、受事和动作这三个强制性语义成分发生联系。从周文中可以得出如下结论：处置类虚动的 Ov 都是及物动词，语义上要求带受事。这样,能与英语不及物类 Ov 对应的汉语虚动只有一个,即“进行”。[①] 归纳起来,英语中 Ov 的位置从一个至三个不等,而汉语 Ov 的位置少则四个,多至五个。下面按照句法格式加以比较。

与英语 Ov 有关的格式

**TAKE/MAKE/DO** [ Vd a(n) Ov / Ov be taken]

Shaun took a deep breath.

She made a jump.

Claire did a dance of excitement.

Action will be taken.

Achievement was made.

Transport was done.

**HAVE** [ Vd a(n) Ov]

I had a swim.

**GIVE** [ Vd a(n) Ov / Ov be taken/ Vd On a(n) Ov]

The car gave a sudden swerve.

Her heart gave a physical lurch.

A performance will be given.

She gave Etta a glance.

与汉语 Ov 有关的格式

**进行** ( Vd Ov /Pr Ov Vd C /Ov Aux Vd / Ov Vd C / Ov S Aux Vd)

进行谈话 /把革命进行到底 /试验必须进行 /口试进行顺利

从以上讨论可以看出,不及物类英语 DVC 的 Ov 位置通常置于虚动之

① 事实上,“作”也应列入,但本书未将其作为研究对象,特此说明。汉语其他虚动,如“搞、干、弄”也可以和不及物类动词搭配,本书只讨论“进行”的情况。

后，而汉语 Ov 多置于动词前。这一现象背后的原因大概与 Ov 或事件名词的指称性的强弱有关系。汉语“进行”类结构的事件名词如“试验、谈话、报告、口试、讲座”都指称一个事件，在时间上有明显的“起点”和“终点”，事件的复杂性强，或者说它们的复杂程度高。根据陆丙甫(2012)的说法，这类事件名词属于“事件名词”原型范畴的核心成员。笔者认为，它们和普通名词比较接近，因此与虚动的关系不是太密切，或者说虚动的次范畴化对其制约不大，它们更像动词“进行”的受事。与之比较，英语的事件名词如 cry、walk、swim 是动作名词，隶属边缘类事件名词(陆丙甫，2012)，因此，这类词的指称性弱，它们与虚动 give、have、take、give 关系密切，在句法上受到严格的控制(见第四章)。汉语 Ov 的位置多，体现了汉语句法的灵活性。同时也应看到，英汉 DVC 的 Ov 在句法位置上有很大差异，因此，英汉 DVC 语法格式中除了 Vd a(n) Ov 和 Vd Ov 可以视作大致对应外，其他句法格式都不怎么对应。

以上从句法格式、动词宾语的位置等视角发现英汉 DVC(不及物类)不对应程度较高，这从翻译等值上可以找到佐证，即同一种意义，汉语原文和相应的英译在编码形式上差别很大，从翻译等值的角度看动词宾语位置也一样。以典型不及物类英语 DVC 汉译为例，以下学者的论述可以解释为什么英汉 DVC 的 Ov 的位置差异较大。例如：

①a. ——你晚饭后打算干点什么？

**——到外面随便走走。**

b. —What are you going to do after supper?

**—Take a short walk outside.**

②a. **我们歇了歇**，然后接着干。

b. **We took a short break**, and then went on with the work again.

③a. **我们仔细算了一算**，觉得成本太高。

b. **We did careful calculations** and found that the cost was too high.

④a. 他很生气，**给门狠狠的一脚**。

b. He was very angry and **gave a violent kick at the door.**

⑤a. **He gave the car a wash.**

b. **他把车洗了洗/他洗了洗车**。

c. ＊他给车一洗。

⑥a. **Let's give the room a thorough cleaning.**

b. **让我们把房间彻底打扫一下**。

c. **＊让我们给房间一次彻底清扫**。

例①a～④a对应的是例①b～④b，语义上从汉语到英译。显然，汉语例子表示动作时多采用"重叠谓语"，而英语则采用动量或动量概念的表达方式（例①b～③b）（何善芬，2002）。例④中汉语句采用双宾结构，英语句则采用单宾结构。[①] 例⑤、⑥英语采用双宾句式，而汉译采用单宾重叠谓语（如例⑤b）和单宾"把"字句（如例⑥b）。英汉 DVC 里 Ov 的位置差异体现了英汉语的一个差异。钱歌川（1981）认为，英文采用名词表示动作，也许是因为实字分量较重，凡喜怒哀惧爱恶欲七情，无一不用名词来表现，就是日常的动作，分明有动词的，他们也偏要用名词。钱先生的例子中不少是 DVC。王寅（1990：40）也指出，英语中常用名词表示动作概念，而汉语多用动词表示动作概念。陆丙甫（2012：8）从语义角度揭示了二者的差异，英语"动作名词"如 act、move、jump、kick 表示简单动作，而汉语通常不能直接表达，需要加"一"构成"一 V"才能获得名词的解读。正是由于客观上存在着语义结构、句式等要素的影响，因此，英汉 DVC 里 Ov 的位置呈现出较大的

① 句法上英语也可采用双宾结构，即"He was very angry and gave the door a violent kick"，但语用似难以做到等值，故英语采用单宾要好些。

差异性。

## 六、英汉虚化动词结构与介词短语

英汉 DVC 出于表达需要,常与介词短语搭配。根据介词短语与核心动词的关系,介词短语有时充当论元,如受事;有时充当附加语,如时间状语。本部分讨论介词短语类附加语。英汉附加语有不少差异,根据以往的研究,这些差异体现在如下方面:

1. 英语 DVC 涉及简单动作,汉语 DVC 涉及复杂事件

介词词组的种类比较多,如英语 DVC 中的介词词组可以做方位状语、方向状语、与事状语、原因状语、方式状语、延时状语、时点状语、与事论元等。例如:

①**I have just had a delightful chat with them.** (与事)

我刚才和他们愉快地闲聊。

②**John had an easy climb up the rocks.** (路径状语)

约翰轻松地爬上了岩石。

③**Fred took a closer look at the hole in the fence.** (受事 + 方位)

弗莱德仔细地瞧了瞧篱笆上的那个洞。

④**He gave a shout of pain.** (原因)

他疼得叫了一声。

⑤**Tom gave a shout of laughter when he saw them.** (方式状语)

汤姆看见他们,发出一声大笑。

⑥**Mary took a rest for half an hour.** (延时状语)

玛丽休息了半个小时。

⑦**John did a dance in ten minutes.** (框架状语)

约翰十分钟跳了一支舞。

⑧**He gave her a bow for it.**（原因）

为此他向她鞠了一躬。

⑨**Can I have a borrow of your ruler?**（受事论元①）

我能借一下你的格尺吗？

⑩**Soap opera stuff, Polly thought, giving an angry shake of her head.**（受事论元）

肥皂剧，波莉想着，愤怒地摇了一下头。

汉语 DVC 涉及复杂事件，该结构中的介词词组可以做对象宾语，引导受事，如"写'题词'，要注意从作品内容、成书经过上加以概括说明""我们对任何问题都要做具体分析"，介词词组充当对象宾语适用于所有汉语 DVC，且 Ov 具有及物动词的某些语法属性。此类结构也可做状语，引导与事，如"对孩子进行教育""对重要问题加以认真论证"；还可引进动作的对象，如"区县领导干部应该向群众承认错误做检讨"；还可表示方位，如"在教室里做演讲"。该结构有时也做定语，如"做关于工资制度的改革"。与事状语、方位状语仅适用于"进行、作"类结构，且 Ov 往往是不及物动词，此时可表示动作的范围，如"双方议定从明年起在软件生产上进行合作"；亦可表示方式，如"按照事物的性质或作用予以说明"。

2. 英语用介词，汉语不用介词

沈家煊（1984）曾提到英语用介词而汉语无需用介词的情况。沈文以翻译等值做对比基础，本书以英汉 DVC 为对比基础。沈文提到的现象在英汉 DVC 中也存在，只是汉语 DVC 的介词省略不是从翻译角度讨论的。试比较：

① 论元，表示动作作用的对象，一般是句子强制性成分，状语表示工具、时间、方位等，是附加语（adjunct），一般不是句子强制性成分。一个介词词组属于何种类型，有时取决于动词宾语。根据 Wierzbicka（1982）的说法，动词宾语 have a bite/a lick/a suck/a chew/a nibble 后的介词词组可引导一个受事论元。

⑪a. * have a handle that new racket

b. have a handle of that new racket

⑫a. * give sb. an account their work

b. give sb. an account of their work

例⑪a、⑫a 都不合格，例⑪b、⑫b 都合格，说明事件名词 handle、account 后都要添加介词 of。其他介词词组充当状语的，介词一般也不能省略。汉语 DVC 的介词使用比英语复杂，需要根据情况而定。以下是根据以往文献整理的结论。汉语 DVC 介词一般不能省略[①]，能省略的情形只有一种，即当介词引导受事时，介词词组在句子主语前做话题标记，省略介词后，原介词词组余下的部分成为句子的大主语。例如：

**⑬这种思想我们要加以批判。**

**⑭这段公案人民会给以正当裁判。**

而下列几种情形，汉语介词是不宜省略的：

(1)介词引导受事，介词词组位于动词前，介词用“对”“对于”[②]“把”等

**⑮我们对任何问题都要做具体分析。**

**⑯各缔约国承允对上述罪行给予严厉惩罚。**

**⑰他们不得不把这批来源和性质都不相同的资料加以整理。**

(2)介词词组表示动作的对象、范围

**⑱区县领导干部应该向群众承认错误。**

**⑲双方议定从明年起在软件生产上进行合作。**

**⑳写“题词”，要注意从作品内容、成书经过上加以概括说明。**

(3)介词置于动词前，引导与事

---

① 沈家煊(1984)提到四种英语用介词而汉语不用介词的情况。沈文的讨论从翻译等值及一般动词进行，而本书讨论从虚动入手，此时介词省略情况只有一种。换句话说，汉语 DVC 中若用到介词，介词一般不能省略。

② “对”“对于”是一对功能上最为接近的介词，二者有时似是而非。实际上它们的用法及对所带的宾语有不同的要求，参见吕叔湘(1980)的论述。本书对此不予讨论。

**㉑瓦特将此现象拿来和布拉克进行讨论。**

(4)介词置于动词前,介词词组表示动作的方式

**㉒按照事物的性质或作用予以说明。**

概括起来,英汉 DVC 中介词呈现出的相同点是:都可引导受事论元及与事论元。

## 七、受限的介词短语

上文讨论了英汉 DVC 与附加语的搭配。但是,不是所有英语 DVC 都可以和介词短语搭配,如某些介词论元和介词附加语。本书把它们称作受限的介词短语。以下基于 Wierzbicka (1982)和张爱朴(2015)的论述,讨论英语 DVC 与受限介词短语的搭配问题。Wierzbicka(1982)认为,某些 have 结构本身是无终结的(atelic),若变成有终结的(telic),句子就不合格。按照介词宾语的语义,这种结构又可被分为两大类:

第一类中,介词宾语在逻辑上是事件的逻辑宾语,即充当事件名词的受事。例如:

**①a. Let's have a sing.**

**b. * Let's have a sing of that song.**

**②a. John had a drink.**

**b. * John had a drink of a glass of water.**

以上两句的 a 合格,而 b 均不合格。笔者认为这与 DVC 的体特性即语法义有关。have a sing、have a drink 都具有无终结性,即它的时相结构没有明确的终止点[1],而介词短语 that song(那首歌)、a glass of water(一杯水)都是在量上有限的事物,即是有边界的。二者强行搭配造成语义冲突,从构式

① 关于时相结构,详见本书第六章第二节。

语法的视角看,这可以理解为体压制(aspect coercion)。所谓"压制",根据De Swart(1998)的观点,指"在句法和形态上是看不见的:它受隐性语境再解释机制(contextual reinterpretation mechanisms)的制约,一旦有必要解决语义冲突问题,该机制将被激活"。压制和体因子(aspect operator),如完成体、进行体或延续性时间状语一样属于同一语义类型。①

另一类与表时间、处所类介词短语有关。例如:

③a. I had a walk.

b. * I had a walk from dawn until dusk.

④a. I had a swim.

b. * I had a swim across the river.

例③a、④a 都合格,而例③b、④b 都不合格。Wierzbicka(1982)认为,例③a、④a 里的 had a walk、had a swim 表示无明确目标的个体活动,在时间和地点上都没有明确的终止点,从时间结构上看,它们的时相结构的一个特征即无明确的终点;而例③b、④b 里的 from dawn until dusk、across the river 分别带上了框架状语和目标状语,都是有界的(bounded)。此时,have 结构的构式义与介词短语的构式义冲突,激活了体压制,导致句子不合格。如果变换事件名词,再观察:

⑤John took a deep breath for/in three seconds.

⑥a. John had a sleep for an hour.

b. * John had a sleep in an hour.

⑦a. Mary took a rest for an hour.

b. * Mary took a rest in an hour.

⑧a. John took shelter from rain under the tree for ten minutes.

b. * John took shelter from rain under the tree in ten minutes.

---

① 另见张爱朴(2012)的相关论述。

例⑤里的 took a deep breath 可以和延时状语、框架状语搭配；例⑥a～⑧a合格，而例⑥b～⑧b 不合格，这说明例⑥b～⑧b 的事件名词可以和延时状语搭配，但不能与框架状语搭配。

根据 Bussmann（2000：39）和金立鑫（2011）的论述，体范畴很有争议。英语、汉语等句子的体特征，一般不像德语或俄语那样，依靠动词本身的语义或形态就能确定，而是需要借助别的成分才能确定，这些成分包括与动词共现的论元名词短语（argument noun phrase）、状语、助动词、时等。换句话说，需要结合语法的屈折形态或语法组合来实现表达（参见第六章）。从对上述例证的分析可以看出，论元成分、状语等可以影响句子的体；与此同时，作为句子的核心成分的动词，它们的体，即语法意义，也影响着句子的句法属性。

## 八、形式上此有彼无或者彼有此无的情况

吕叔湘（1980：258）认为，“加以”前面如果用副词，该副词必须是双音节的，单音节副词后不能用“加以”，只能用“加”，如“不加研究”“多加注意”。这一规则也适合“予以”，如“不予追究”“应予重视”。[①] 分析其论述后我们可以发现，使用单音节副词时，虚动需要隐去一个成分，笔者认为，这可以看作是虚动的缩略用法，是受节律制约的结果。按照马庆株（2004：17）的观点，“以”是虚词，读轻音，与前面的“等”“加”“予”等动词形成一个节拍即一个韵律词，这些韵律词经过语法化，最终演变成语法词。马先生的观点折射出汉有韵律对句法的制约作用。这一看法也可在王菊泉的《什么是对比语言学》一书中得到证实。依据王菊泉（2011：179）的理论，汉语语法区别于印欧语的一个重要特点是，词语结构特别容易受到音韵节奏的调

① 见范晓（1987：130）的论述。

节和制约。汉语 DVC 中充任虚动宾语的只能是双音节词(朱德熙,1985:3)①,也显示了节律的制约性。

英语虚动本来就是一个单音节词②,上面提到的汉语中的情况在英语 DVC 里不大可能出现。③

## 小 结

至此,可以把英汉 DVC 在句法上的异同概括如下:

ⅰ. 英汉虚动的共同点是:动词语义虚化多以加 Ov 为条件。

ⅱ. 英语 DVC 的体标记有形态变化,具体到单个的 DVC 时,体的类型有差异;汉语 DVC 处置类除“给予”有“了、过”体标记外,其他处置类形式动词无体标记,进行类有“着、了、过”体标记。

ⅲ. 英语 DVC 受事位置的数目不同,英语有四个,语法格式为 Vd Ov Pr Pa / Vd Pa Ov /Vd Oi Ov Pr Pa / Ov Pr Pa be Vd-en;汉语有七个,其语法格式为 Pa Vd Ov / Pr Pa Vd Ov /Pa S Vd Ov / Pa Ov Vd / Vd Pa Ov / Pr Pa Ov Vd C/ Vd Oi Ov。总体上,英语受事成分通常置于虚化动词后;汉语受事成分往往置于虚动前,由介词引导,形成受事前置句。

ⅳ. 英汉 DVC 的 Ov(及物类、不及物类)的位置具有共同点,主要体现在,一般都置于虚动之后;两者位置数之间存在差异,主要体现在,英语 Ov 的位置数总体上少于汉语。

ⅴ. 英汉 DVC 中介词呈现的共性是:都可引导受事论元及与事论元。

① 朱文认为语音节律上的限制是表面现象,历时因素才是根本原因。但无论表面还是本质,节律的限制不可否认。

② 这里限指书中讨论的五个词。

③ 英语句法也受韵律(rhythm)制约,如 Mathesius(2008:160)提出“韵律原则”对语序的制约,Quirk(1985)也讨论了韵律(prosody)和句法的关系,但他们提到的情形与本书讨论的韵律对汉语 DVC 的影响有所不同。

除汉语个别情形可以省略介词外,英汉 DVC 的另一个共性是:介词词组中的介词一般不宜省略。

ⅵ.动词的论元成分、状语等可以影响句子的体;同时,作为句子核心的动词性结构,它的体“语法意义”也影响着句子的语法属性。

# 第三章　英汉虚化动词结构的语义对比

说到“语义”(meaning)[①],人们会立刻想到布龙菲尔德(1997:167)说过的“所以在语言研究中对‘意义’的说明是一个薄弱环节,这种情况一直要持续到人类的知识远远超过目前的状况为止”。迄今,“语义”问题仍是语言学领域的一块硬骨头,大量问题有待探讨。语义研究亦是颇有争议的问题,这从既往学者的著述不难看出。Palmer(1981)把 meaning(意义)看作 semantics 的研究对象,把语义学看成语言学的一个分支或部分。国内很多语言学教科书也是这样处理二者的关系的。

在“语义”的分类上,王德春(2003:135)把“语义”分为三大类:词汇意义、语法意义和语用意义。Don L. F. Nilson 和 Allen Pace Nilson(1975)将语义特征分为五大类:语法—语义特征、内在的语义特征、谓语性语义特征、状语性语义特征和感受性语义特征。[②] 利奇(1987:13)将“意义”分成七类:逻辑意义、内涵意义、社会意义、情感意义、反映意义、搭配意义、主题意义。若关注 Halliday 等学者关于“意义”的论述,则完全是另外一种情形。

除了上述对英语语义的论述,国内学者陆俭明从汉语角度也对语义做了探讨。陆俭明(2005)阐述了人们分析语义特征的目的和作用,并把语义具体化为“语义范畴”。陆著的语义范畴分为七个层面:实词的自身义、

① 用 meaning 指称“语义”是否合适,笔者不敢妄议,不过没有找到更合适的词来翻译“语义”,只好暂用之。经查,meaning 指“意义”,semantic 指“语义的”,名词的“语义”似难在英语里找到一个完全对应的字眼。

② 转引自伍谦光(1988)第五章。

实词之间的关系义、特定范畴义、实词之间的组合义、句式义、语用义和认知义,这其中“实词的自身义”包括“语义特征”,与本书的研究相关。陆著的划分相对更为详尽和全面,涉及面更广,但是陆著对语义特征的讨论只停留在通过举些例子让读者获得一些感性认识,至于如何提取语义特征,陆著未多讨论。邵敬敏(2005)的著述细化了这一问题的研究。邵文对语义特征做了界定、分类,同时提出了四种提取语义特征的方法:内省概括法、组合分析法、对立比较法和变换分析法。邵文讨论的对象是汉语,但其研究是在国内外文献的基础上进行的,因为语义成分分析法起源于西方结构语义学(Lyons, 1977)。邵文对本书的研究有一定的启示和帮助。以上学者对语义的探索共同表明:“语义”或“意义”十分复杂,学界仍未对其达成一致,所谓见仁见智。另外,从对词句的语义讨论来看,归纳出的语义特征都是跨界或跨面的。换句话说,从对同一语词的分析中所提取到的语义特征往往不都是处在同一层次或层面上的。考虑到实际情况,第二章将重点放在了讨论句法的对比问题上,但也涉及了语义,讨论语义是为了更好地讨论句法。同理,本章的重点是语义讨论,但也会涉及句法,因句法讨论服务于语义讨论。这符合陆俭明(2005)对语法研究方法的阐释:句法研究可以从形式入手,也可以从语义入手,但是如果从形式入手,所得结论需要找到意义上的依据;如果从意义入手,所得结论需要找到形式上的表现。① 因此,为了进行 DVC 的语义对比,本章拟选 have、take、give 形成的英语结构,以及“加以、进行”形成的汉语结构,从以下方面展开对比:英汉 Ov 的语义特征、虚动的隐现对结构体的影响、虚动的粘宾性等。

① 原文为“从意义入手,要力求在形式上得到验证,找到形式上的表现;从形式入手,要力求在意义上得到验证,找到意义上的依据。这种形式和意义上的互相渗透,互相验证,有时要反复进行。”(陆俭明,1993:62)。

# 第一节　英语动词性宾语的语义特征

## 一、have 和 take 结构

考虑到 have 和 take 所搭配的 Ov 有不少共同之处，本节把它们放在一起讨论。① 早期对英语 Ov 语义做过讨论的有 Nickel（1968）、Live（1973）、Wierzbicka（1982）。Nickel（1968:8－9）指出 Ov 的语义特征有"移动（mov）、说话（dic）、视野（vis）、声音（snd）、擦拭（cl）、饮用（dr）"，这种分类涵盖面相当宽泛，可操作性低。Wierzbicka（1982）认为，典型 have 结构 have a $V_1$ 框架中 $V_1$ 的特点有"重复性、延续性、终结［体］"等语义特征。他的研究表明，对于有一定熟语性的英语 DVC 来说，它对什么样的 Ov 能进入结构是有一定的选择性的，入选所需的条件取决于充当 Ov 的动作名词的语义特征。这一结论有一定的普遍性，有文献表明，不仅 have 结构如此，其他英语 DVC 结构也对 Ov 有一定的选择性。根据十种语义结构，Wierzbicka（1982）对 have 结构中 Ov 的语义做了全面分析，见表 3.1。

**表 3.1　have 结构的语义特征**

| 语义特征 | HAVE | 事件名词 | 例证 |
|---|---|---|---|
| 可控 | + | — | — |

① Huddleston 等（2002）就是这样处理。

**续表**

| 语义特征 | HAVE | 事件名词 | 例证 |
| --- | --- | --- | --- |
| 无终体 | + | drink, smoke, sip, sniff, chat, gossip, laugh | — |
| 终结[体] | + | wash, shave | have a wash |
| 带受事 | + | bite, lick, suck, chew | — |
| 不带受事 | + | walk, swim, run, jog, cough | — |
| 动作义 | 感知,消耗,尝试,心理,交际等 | | |

根据表3.1,have结构Ov的语义特征可以概括如下:

[ +/-反复性, +可控, +/-带受事, +简单动作]。

Wierzbicka的研究对have结构中Ov的语义描述总体上是合乎语言事实的,但是对于某些同义词,如在pee vs. *urinate、think vs. *contemplate、chat vs. *converse对照组中,语体正式度高的词不能进入have结构。因此,语义特征还应加上一条[ -正式]。另根据张爱朴(2012)的论述,进入have结构的成分需有[ +动态]。① 所以,have结构Ov的语义特征是:[ +/-反复性, +可控, +/-带受事, +简单动作, +动态, -正式]。have结构的Ov会有这一特征,也许是该结构的构式义②决定的。依据Dixon(1991)的论述,其结构义是"某事做了一点儿,带自愿性,动作施事,即便不是为了取乐,

① 英语中某些词如feel(感觉到)、smell(闻到)、taste(尝到)等,既可表示静态义,也可表示动态义"感觉""闻""尝",当它们与have结合时,只能将其理解为表示动态义,见张爱朴(2012)的论述。

② 这里的"构式义"指结构体的意义。

也有沉醉其中的意味”。这样就不难理解为什么可以说 have a slide,而不可以说 have a slip,因为 slide 是可控动作,而 slip 是不可控行为,而且无人会沉醉于可能伤人的“滑倒”行为中。

take 结构有部分 Ov 亦适用于 have 结构,因此,take 结构中 Ov 的语义特征与 have 结构中的相同:

[+/-反复性,+可控,+/-带受事,+简单动作,+动态,-正式]。

符合这些特征的事件名词有 bath、bite、break、climb、drink、lick、look、shave、shower、sip、swim、sleep、walk、wash 等(更多事件名词见本书附录)。根据 Dowty(1979)关于行为类型的分类,这些词多与活动类动词同形。

## 二、give 结构

give 结构有单及物 A 式和双宾 B 式两种结构或用法。进入 A 式的多表示人或物发出的声音或人体的动作(Dixon,1991)。前者如 cough、moan、sigh、squeak,后者如 beat、blush、gulp、leap 等。根据张爱朴(2012;2015)的观点,进入单宾结构(即 A 式)的 Ov 的语义特征有:[+动态,+/-可控,+未然体,+可重复]。Dixon(1991)认为,Ov 不带受事,因此,**A 式的 Ov 的语义特征修正为:**[+动态,+/-可控,+反复性,+可重复,-带受事]。常见的可以充当 Ov 的事件名词有 bang、bellow、cheer、gulp、jump 等(见本书附录)。从行为类型看,这些词多与活动类动词同形。

**进入双宾(B 式)的 Ov 的语义特征有:**[+动态,+可控,+重复性,+带受事]。常见进入 B 式的事件名词有 blow、brush、clout、comb、embrace 等(见本书附录)。从行为类型看,这些词也多与活动类动词同形。

根据 Dixon(1991)的观点,该结构有这样的含义:(a)动作的施事是有意识做的;(b)把某东西“转移”给了宾语,以某种物理的方式或者同另外一个人交流来对宾语施加影响，把某物“传递”给宾语；(c)动作只做“一点儿”(do a bit)，出于施事的一时冲动，此时动作一般为可重复的活动，如 kick、kiss 仅实施单一的活动①。根据金立鑫(2008a)基于万德勒关于动词行为类型的阐述，可以按是否能够反复进行来把动词分为两类，然后在不能反复进行的那一类中根据是否有“瞬间”的时间特征，分为“状态”(state)和“成就”(achievement)②，在可以反复进行的那一类中根据是否有自然的终结点分为“活动”(activity)和“完成”(accomplishment)③。金文认为就汉语而言，只有“状态”“成就”类动词是具有形态特征或不需要其他成分的配合就可以确定的，此时可把“状态”“成就”合并为一类，用“成就”来统称；而“活动”“完成”类却很难在形态上来断定，需要配价成分或其他成分的配合才能确定，因此可把“活动”“完成”合并为一类，用“活动”来统称。为适用于本书研究，笔者对金文的表格稍微做了调整，并配上例词，见表 3.2。

**表 3.2　动词的类型**

| 类型 | 反复性 | 瞬间 | 有终结点 | 持续性 | 例词 |
|---|---|---|---|---|---|
| 状态 | – | – | – | + | know, love, believe |
| 成就 | – | + |  | – | open, find, reach |
| 活动 | + |  | – |  | sigh, groan, kick, wink, walk, swim, cough |
| 完成 | + |  | + | + | lecture, sermon, bath |

① Dixon 原话是“if the verb refers to an activity that can be incremental, just one unit of the activity is performed(如果动作指的是可以增殖的活动，则只实施一个单元的活动)”。这里其实是指一次体的动词，如 kick、push、sweep 等。但 Dixon 指出，有的动词，该特征不明显，如 give the cat a stroke 与 have a stroke of the fur coat 一样，动作可以比较长，动作的单元难以界定。

② 状态类动词无瞬间特征，成就类动词有瞬间动词，它们都不能反复进行。

③ 活动类动词没有自然的终结点，完成类动词有自然的终结点，它们都可以反复进行。

能进入 B 式的词，从行为类型看，基本上都属于活动类动词，它们具有[ +重复]的语义特征，无自然终结点[①]；而那些不能进入 B 式的词，多属于完成类，如 tie、shut、open、bake、wrap，或成就类，如 open、shut。强行把它们放到 DVC 里，这些词的语义与整个结构义发生冲突，在交际中不被接受，见前文论述。

## 第二节　汉语动词性宾语的语义特征

对于汉语虚动所带 Ov 的语义特征，以往的学者进行过大方向上的讨论。如刁晏斌（2004）认为虚动的宾语最大的共同语义特征是[ +/-指称]，俞士汶（2005）认为虚动所带的宾语大多数是准谓词性的，只有少数是体词性的，做准谓词性宾语的名动词基本上是及物的，但“进行”的准谓词性宾语也可以是不及物动词。刁著和俞文的讨论是宏观上的，他们基本上没有就 DVC 句对 Ov 的选择限制条件进行详尽讨论。

周小兵（1987）、周刚（1995）、吕瑞卿（2007）在这方面做的工作要多一些，分析也相对深入一些。周小兵讨论了“进行”句、“加以”句的区别和变换条件。根据周文，“加以”表示将某种行为施加于人或物上[②]，其后的 Ov 只能是及物动词，同时要求 Ov 所指动作的受事必须在句中出现；而“进行”

---

① 这里需要区分行为类型（不需要借助其他词就能确定体特征）和情貌类型（需要借助其他词才能确定体特征）。根据 Comrie（1976）及金立鑫（2011）的观点，英汉语动词的体多数情况下受论元或附加语影响，宜看作情貌类型。

② 周文对“加以”的解释应该来自于吕叔湘（1980：258）的论述。吕著的解释为“表示对某一事物施加某种动作”。

后边的 Ov 既可以是及物动词,也可以是不及物动词。周文把 Ov 分为 a、b 两类。a 类及物动词的语义特征为[ +心理],它们若带宾语,能被“很”修饰,如“很关心大家”“很肯定他的工作”,a 类词只可以与“加以”搭配。b 类及物动词又分为两类:$b_1$ 的语义特征为[ +延续],数量最多,不受“很”的修饰,可以同“加以”“进行”搭配,在“把”字句中,常带结构补语,如“把账目清查一下”“把问题阐述清楚”;$b_2$ 类多是述补结构,语义特征为[ -延续],在“把”字句中,可以不带结构补语,只与“加以”搭配,不能与“进行”搭配,如“加以制订”“ * 进行制订”,“加以克服”“ * 进行克服”。根据周小兵的论述,可以做如下总结:与“加以”搭配的有三类动词,除了表示心理的和[ -延续]义的那两类动词如“制订、改正、动摇”外,还有一类动词既可以与“加以”搭配,也能与“进行”搭配,如“研究、阐述、分析”等。遗憾的是,周文对“进行”的讨论比较简略,较少或者说基本没有涉及它后面 Ov 的语义特征。周文只提到了“进行”可表示从事某项活动①,可能有确定的受事,也可能没有,因此,及物或不及物动词都可以充当“进行”的宾语,但没能较为全面地概括出“进行”后 Ov 的语义特征。周刚(1995)的研究范围比周小兵的广一些,虚动除了“加以、进行”外,还包括“给以、给予、予以”和“作”。根据周刚的论述,虚动可以分为两个次类:$DV_a$“加以、给以、予以、给予”和 $DV_b$“进行、作”,这是目前较多学者采用的分类方法。能够与虚动搭配的动词 V 被分成三组:(a)只可以跟 $DV_a$ 搭配的 $V_a$;(b)只可以跟 $DV_b$ 搭配的 $V_b$;(c)同时可以与 $DV_a$ 和 $DV_b$ 搭配的 $V_c$。$V_a$ 表示可以成为静止状态的行为动作如“继承、保存、拥护”和心理活动如“器重、怀疑、体谅”等,其语义特征可记作[ +完成, +/-动态, +要求受事]。与周小兵(1987)的讨论②相比,周刚的分类有些模糊。周刚论述中所谓的[ +完成],是动词独立具备的

① 根据吕叔湘(1980:275)的观点,“进行”表示从事持续性的活动。

② 不是所有表“心理”的动词,都可以被“很”修饰。

完成，还是与虚动组合之后的[ +完成]，由于所指不够明朗，似乎不容易判定。另外，周刚文中的 $V_c$ 如“研究、批评、破坏”，其语义特征记作[ -完成，+动态，+ 要求受事]也存在同一问题。值得肯定的是，周刚对 $V_b$ 的讨论比较清楚。$V_b$ 类动词如“劳动、演说、罢工”，其语义特征记作[ -完成，+动态，-要求受事]，这说明 $V_b$ 都是不及物动词，有[ +延续]的语义特征。总体上，周小兵的处理相对比较清晰、干净，不足之处是周小兵讨论的虚动仅有两个：“加以”和“进行”，他的结论对于其他虚动的适用性仍需要验证。为此，笔者观察大量例证发现，“给以”后的 V 与“加以”后的 V 的语义特征基本相同，也可以是表示“心理”的动词，如“鼓励”。综上所述，结合吕瑞卿(2007)的研究，可以得到“处置”和“进行”两大类形式动词后的 V 的语义特征：

**处置类 DVC 中 Ov 的语义特征：**

ⅰ. [ +带受事，+心理活动，+可控，-单音节，-动态]。此类词包括：关注，肯定，体贴，信任，拥护，重视，尊重，赞赏(多能被“很”修饰)。①

ⅱ. [ -可持续，+ 可控，+带受事，-单音节，+动态]。此类词包括：制订，改变，改正，纠正，肃清，查清，解决，解除，确定，动摇，改进，没收，清除，破除，提高，完成，消灭，克服。②

**进行类 DVC 中 Ov 的语义特征：**

[ +可持续，-带受事，+可控，-单音节，+动态]。此类词包括：工作，合作，考勤，劳动，摩擦，示威，挑衅，宣誓，游行，周旋。③

**能同时进入处置类和进行类 DVC 的 Ov 的语义特征：**

[ +可持续，+带受事，+可控，-单音节，+动态]。此类词包括：讨论，研究，调查，分析，改造，干涉，监督，清查，教育，训练，指导，阐述，培训，审

① 从行为类型看，应归入状态动词。
② 从行为类型看，应归入完成动词。
③ 从行为类型看，应归入活动动词。

查,审议,调整,检查,变革,改革,批评,管理,诬陷,说明(不能被“很”修饰)。①

综上,从行为类型来看,进入汉语 DVC 的 Ov 似可囊括各类动词,这或许可以帮助我们理解有时很难理清 DVC 自足性条件的原因。

从上面对英汉 DVC 后 Ov 的讨论中可以发现,二者的差异多于共性。这体现在:英语 DVC 的 Ov 通常表示一个简单动作,行为类型一般是活动类动词;汉语虚动后的 Ov 不表示简单动作,而表示心理或某种复杂行为或活动,行为类型涉及面广,涵盖了除成就动词外几乎所有的动词类型。另外,受英语 DVC 的熟语性影响,英语 Ov 的数量相对有限,有一定封闭性;而汉语 Ov 呈开放性,很难统计出进入该结构的 Ov 的具体数量。

## 小　结

本章探讨了 have/take 结构中 Ov 的语义特征,总结出[ +/-反复性, +可控, +/-带受事, +简单动作, +重复性, -正式]的基本要求。give 结构需分为 A、B 两式讨论,其中 Ov 语义特征与论元数有关。A 式结构 Ov 的语义特征为:[ +动态, +/-可控, +反复性, +可重复, -带受事],B 式结构 Ov 的语义特征为:[ +动态, +可控, +重复性, +带受事]。汉语处置类 DVC 中 Ov 的特征分两种情形,一是[ +带受事, +心理活动, +可控, -单音节, -动态],如“关注、肯定、体贴”等;二是[ -可持续, + 可控, +带受事, -单音节, +动态],如“制订、改变、改正、纠正”等。汉语进行类动词宾语的语义特征为:[ +可持续, -带受事, +可控, -单音节, +动态],如“工作、合作、考勤”等。能同时进入处置类和进行类动词宾语的语义特征为:[ +可持续, +带受事, +可控, -单音节, +动态],如“讨论、研究、调查”

① 从行为类型看,应归入活动动词。

等。在这一点上,英汉语存在共性,即同一事件名词可以与多个虚化动词搭配。

总体上,英汉 DVC 中 Ov 的差异大于共性。差异表现在,英语 DVC 的 Ov 通常表示一个简单动作,行为类型一般是活动类动词;汉语虚动后的 Ov 不表示简单动作,而表示心理或某种复杂行为或活动,行为类型涉及面更广。

# 第四章 虚化动词的控制度和事件宾语的名物化[①]

① 本章部分内容原载于拙著《虚化动词结构的认知研究》（黑龙江大学出版社，2015）。原文以英语例证为主，疏于同汉语同类结构的比较，今增加了一些内容，并做了一些修改。

前面说过,DVC 指一个语义虚灵的动词和一个(通常是非有定的)直接宾语或名词短语结合形成的语块(chunk),共同表示一个动词义。[①] 英语中常见的几个虚动是 give、have、take、make、do,它们与表示动作、行为或活动的抽象名词(即事件名词)结合形成一个类似习语的结构,如 have a look、take a drink、do a dance、give a shrug(典型类)、have a discussion(非典型类)等。英语中多数 DVC 在形式上有一个语义与之匹配的 SVC,二者在体(aspect)[②]上有细微差异(aspectual nuance)(Trask,1993:160 - 161)。Nickel(1968:21)认为 DVC 至多是一种半多产性(semi-productive)的语言结构,但三十多年后,学者们认为虚动和谓词性宾语[③]的组合已有一定的多产性,因此,绝非所有的这类结合体(combination)都可以被看成词汇单位(Huddleston,2002:291)。动宾的词性,特别是其指称性、陈述性问题,一度成为学界研究的一个热点。从历时的角度看,词类派生的方向并非总是清楚的

---

① 本书讨论的是动词虚化。关于"虚化",张志毅(2012:206 - 208)讨论了汉语词义虚化的三种情形,即:ⅰ.有的语素,在古代有意义,到现代其意义趋于零,如"走马观花"的"马";ⅱ.有的语素,由于借代或互文手法,意义由实转虚,如"南腔北调"的"南北";ⅲ.汉语词汇双音化过程中,有时以一个语素为主,另一个语素成为虚设,如"面目"的"目"。本书所说的动词虚化,和张先生的"虚化"不同。张先生讨论的虚化更多的是汉语构词层面上的义位虚化,本书探讨的是英汉动词词组层面上的动词词义的虚化。

② 多数学者认为"体"是一种语法范畴,如金立鑫(2011:230 - 232)、张伯江(2013:34)等。但本质上,"体"也可以看成语义范畴,从跨语言的角度来看,"体"是语言的一种普遍现象。更多关于"体"的论述,见本书第六章。

③ 谓词宾语指由谓词性成分如动词或形容词充当的宾语,它的范围比动词宾语大,但是,这里仅指由动词性成分充当的宾语。本书的"谓词性宾语"与"动词性宾语"(Ov)同义。无论谓宾还是动宾,都是"非名词性宾语"(胡裕树,1981:358),另见本书第一章脚注。本章的谓词性宾语与动词性宾语,出于行文之便,不做区分。关于"谓词性宾语",可以参考朱德熙(1982)、黄伯荣等(1983)、王冬梅(2003)等学者的论述。

(Kytö,1999:206)。Wierzbicka(1982:755)认为 have 结构里的动宾依旧是个动词。黄和斌(2003:243)认为基于叙述之便,把充当动宾的成分看作动词比较好。Langacker(个人交流)认为 have a drink 中的 drink 是个名词。Langacker 还说,英语的动词做事件宾语,成为名词,并不意味着另一语言中功能对等的结构一定也是如此,譬如汉语里的类似成分是名词还是动词必须根据汉语的证据来定(假如存在相关证据——并不是汉语里的一切都是明确易辨的)。笔者认为 Langacker 的话有一定道理:武断地认为英语 DVC 的宾语是名词,汉语 DVC 的宾语是动词,完全是从这两种语言的形态特点出发的,忽略了现象背后的本质。事实上,英汉 DVC 的宾语都发生了非范畴化,失去了原型动词的一些句法特征。英汉动词进入 DVC 后,它们的指称性增强,陈述性减弱。因此,可以认为充当动宾或事件宾语的事件名词[①]虽然具备动词性,但已失去原型动词的一些特点,不同事件宾语的动词性的强弱也不一样。换言之,动词进入 DVC 后发生了名物化,而且名物化有程度之别。以往学者的研究有一个共同点,即都没有涉及到动词虚化和动宾名物化之间存在的某种共变关系。因此,本章试图通过观察虚动对事件宾语的控制度,来分析事件宾语的指称性的强弱,从而揭示英语虚动的控制度和事件宾语的名物化之间的关系。

本章把英语 give、have、take、make、do 构成的 DVC 和汉语"加以、给以、予以、给予、进行"构成的类似结构进行比较,以探讨虚动和动宾的名物化之间的共变关系。该研究采用 Givón(1980)的控制度假设为分析工具,从句法和语义的视角观察动宾的句法特点及形态标志,分析虚动对事件宾语的控制度及事件宾语的独立性,旨在探讨虚动的控制度和事件宾语的指称性之间是否存在某种关系,进一步确定这种关系有无连续性,及其呈现的

① 钟鸣(2010:34)把事件名词分为动态名词、动作名词、行为名词与事件名词。本研究采用广义"事件名词"。本章研究的事件名词仅限于能进入 DVC 的事件名词。

规律或特征。本章语料的来源主要是中外专著、期刊和工具书。

## 第一节 名物化、指称性和控制度

从认知语义学的角度看,名词化过程涉及“物化”(reification),其语义贡献在于突出(profiling)组构的某一方面(束定芳,2008:90-91)。名物化或名词化一度在汉语界引发争议(陆丙甫,2009)。朱德熙(1961)曾坚决反对名物化。沈家煊(2013:12f)认为“真正的‘名词化’需要加形式标记,汉语里只发生在动词‘转指’事物的情形,如‘吃的’转指吃的东西或吃的人”。胡裕树(1994:81)认为应区分名词化和名物化。胡文认为名词化是专指动词、形容词在句法平面转化成名词的现象,名物化专指动词、形容词的“述谓”义在语义平面转化为“名物”(或“事物”)义。然而,学者认为名物化有狭义和广义之分。朱文、沈文提到的名物化是狭义的。根据王冬梅(2003)的论述,名物化的前提是认为它本来是动词,鉴于研究目的是探讨动词做宾语时的名物化程度问题,因此不能先假定谓词性宾语已变成名词。本章采纳王文的观点。

名物化和指称性既有联系,又有区别。说名词有指称性,谁都会同意,但一个原本就是名词的词,不一定都名物化;而一个动词若名物化,或动词临时用作名词,也会有指称性①。“名性”和“动性”的本质就是“指称性”和“陈述性”(沈家煊,2013:12),而两者是一对相反的语用学概念。一般认为,充当主语或宾语的动词、形容词具有名词的语法特点,丧失了动词或者形容词的全部或一部分特点,并且由行为范畴或形状范畴转入了事物范畴(王维贤,1992:238)。概括起来说,名物化指动词、形容词经历了非范畴化

① 形容词也有名物化,如汉语“他的刁蛮”“为政者的虚伪”(何元建,2007:133),英语 sadness、clumsiness 等。本章只讨论动词的名物化问题。

(decategorization)的过程后,失去了它们的某些固有语法特性,同时获得了名词的一些特性,从而居于动词、形容词与名词之间的中介状态。

“控制”,一般有两种解释,一种是“约束”(binding),另一种是“控制”(control)。对于这两种解释,转换生成语法(Transformational-Generative Grammar)理论于二十世纪八十年代初兴起的管约论中都有论述。所谓约束,是指两个名词短语(NP)(其中一个NP很可能是空语类)之间的关系,具体讲即有关联的某成分受先行词(antecedent)的约束,二者体现了一种照应关系(anaphoric relationship)。如“$\text{Janet}_i$ hates $\text{herself}_i$”中的宾语herself,显然受到主语Janet的约束,该句的主语和宾语有相同的下标,二者的语义有同指关系(co-reference)(戴炜华,2007:93)。又如句子“They helped each other”中的They约束宾语each other,主语、宾语也有共指关系。“控制(control)”指某种关系或原则,即更大的从句的成分为一个从属于该从句的非限定动词提供主语。如“I promised [to leave]”中的非限定小句to leave的逻辑主语是I,而I也是全句的主语。与此类似,“I asked Mary [to leave]”中的Mary是to leave的逻辑主语。“控制”的蕴含等级模型(hierarchical implicational scale)是Givón(1980)提出来的,后来被国内学者借用,如王冬梅(2003)、沈家煊(2013)。概括起来,“控制”可以表示:(1)主句动词的施事对补足语从句的施事施加的影响越大,主句动词在约束尺度上的位置越高;(2)一个动词在约束尺度上的位置越高,其补足语从句的施事独立起作用的能力越低;(3)补足语从句施事的独立性越小,小句动词在约束尺度上的位置越高,有意识的操纵越有可能成功。基于Givón的论述,本章讨论的“控制”是指虚化动词以各种方式对动词宾语施加的影响力。充当动宾的成分是那些表示陈述或指称意义的事件名词,如:advice, answer, argument, bite, chat, cheer, cleaning, consideration, cough, cry, dance, definition, description, dive, drawing, fight, note, objection, observation, quarrel, rest, shave, shower, sketch, walk, work,等等。

# 第二节　虚化动词对事件宾语的控制度

根据 Deane(1992：12)的论述,DVC 的事件宾语受到句子主语的隐性控制。① 可以说,从不同的视角都能观察到虚动对事件宾语的控制,这不单纯表现在 Deane 讨论的回指上,其他方面也与控制有关。

## 一、语义体控制

于善志(2008)认为,DVC 的语义体受制于虚动后的补足语,即名词短语(NP)。但是,这个 NP(充当事件宾语)单独做谓语的语义体和做事件宾语时的语义体并不完全一样。笔者认为,造成这一差异的原因是,NP 与虚动结合后,受到了虚动对其的影响或控制。虚动使某些事件宾语结构体的内涵发生了一些变化,具体来说,某些事件宾语独立做谓语时,具有语义特征[ +/-终结体],当它与虚动结合之后,受到虚动的控制,只有[ -终结体]的语义特征。句法上表现为不能通过添加目标状语、方向状语、时段状语等手段对 DVC 加以扩展。事件宾语不能添加上述附加语成分,说明其独立性弱,受虚动控制力度较大。试比较:

①a. pull / draw the sword from the scabbard

b. give the sword a pull / draw

① 原文是"It has also been noted ( Ross,1967 ) that the abstract noun in a light verb construction is implicitly controlled by the subject"。这里的抽象名词,做事件宾语。

c. * give the sword a pull / draw from the scabbard (Dixon, 1991)

②a. I walked to /in the garden.

b. I had a walk in the garden.

c. * I had a walk to the garden. (黄和斌,2003)

③a. John drank some water.

b. John drank a glass of water.

c. * John had a drink of a glass of water.

以上各句的 a 都是 SVC,只有一个动词,此时动词既具有[ + 终结体]的语义特征,也具有[ + 非终结体]的语义特征,它没有控制者[①]。各例 b、c 中的动宾都受到了虚动的控制,只具有[ - telic]的语义特征,因此 b 都合格,c 都不合格,因为分别在例 c 中的 from the scabbard、to the garden、a glass of water 都是附加语(adjunct),分别表示"源自某处""到某一地点""一杯水(蕴含特定的量)",语义上都是有界的,它们与具有"终结体"语义特征的动词搭配吻合;而各例 c 的 DVC 只具有[ + 非终结体]的语义特征,造成语义冲突[②]。金立鑫(2017:171,184)从理论上给出以下解释:一方面动词的内部时间结构可以制约句法表面成分的选择,另一方面事件界限和时间进程在同一个结构中可能重叠,也可能错开。以上各例的 c 都不合格,就是因为事件宾语和虚动组成的结构作为谓语结构的动词短语,其时间进程和受事成分的事件进程不重合,时间进程体现"非完整性"特点,而受事结构呈现"完整性"特征,造成语义冲突。

---

① 指它前面没有动词施加控制。这里不考虑句子指人主语的控制。

② 注意,某些英语句子翻译成汉语时,这种结构似可以接受,如例①c。这大概与英汉语义体有差异有关。

## 二、句法层面

句法上，虚动对事件宾语的控制主要体现在以下几方面：

### （一）影响事件宾语的逻辑受事的位置

在经历名物化前，动词可以直接带宾语，但经历名物化后，事件宾语丧失赋格能力，不能直接带受事宾语，需借助介词才能使句子合格。[①] 如 have/take + a/an + Oev 格式中通常需要添加介词 of 才能满足句法要求。换句话说，之前受事直接置于动词后，而在 DVC 中，受虚动控制，受事置于介词后。试比较：

①a. **John bit/smelt the cake.**

　b. *** John had a bit/smelt the cake.**

　c. **John had a bit/smelt of the cake.**

②a. **Can I borrow your ruler?**

　b. *** Can I have a borrow your ruler?**

　c. **Can I have a borrow of your ruler?**

上面例①a、②a 都是 SVC，两句都合格，例①c、②c 都是 DVC，也都合格，但是例①b、②b 都是不合格的 DVC。这一语言现象可以从两方面解释。其一，根据认知功能句法理论，上述 b 包含两组述谓结构，即 had a bit/smelt、have a borrow 和 bit/smelt the cake、borrow your ruler。原动词 bite/smell、borrow 指称性增强而陈述性功能减弱，即非范畴化了。除此之外，基于认知心理学理论，张敏（1998）认为句法结构是扩散式激活的对象。所谓“激活”，

① 这类控制仅适用于由及物动词转换而成的事件名词。

指对某个概念所受注意程度的度量。概念在认知过程中的表现并不一样,有的表现显著(salient),激活水平高,有的不活跃(inactive),有的居中是活跃的。张爱朴(2015:94)认为,对于英语 DVC 的句法操作,语言使用者通过隐转喻互动(interaction)开始编码。转喻和激活扩散(spreading activation)有关。若激活扩散失败,编码就此终止;若成功,则诱发动词名物化,非范畴化机制同时启动,动词获得指称性或个体化特征(离散性)。上例 b 的概念(逻辑受事)可能处于居中状态至不活跃,此时扩散激活很难发生。添加介词后,它的活跃性才变得显著,才可被激活。其二,根据陆丙甫(2005)的观点,SVC 的逻辑受事生命度高。在 SVC 结构中,格式是 S V O,它是常规结构,O 是核心成分之一,不用其他标记就可以被识别,即激活。但在 DVC 中,句法格式是 S V Ov Pa,Pa 是边缘成分,虽然它的生命度高或者说可别度高,但以前支配它的动词行为由于非范畴化而获得了指称性,与虚动组合成一个相对稳定的 DVC 结构,这时只有通过添加介词,拉远二者的距离,才符合人们的认知,动词才可被激活。

汉语名动词(即事件名词)的情形与此有些类似。事件名词在 SVC 结构里可以带宾语,而和虚动结合后受其控制,事件名词的陈述性减弱,指称性增强,及物类动词本身不能再带宾语(朱德熙,1985:3),只有借助介词并前置才能使句子合格。试比较:

③a. 调查资源

b. *进行调查资源

c. 对资源进行调查

④a. 解决问题

b. *予以解决问题

c. 对问题予以解决

如必须带宾语,汉语采用的是有别于英语的方式,即通过调整语序等语法手段的运用,让宾语前置或主题化,以弥补原动词名物化的不足。

## (二)对结构固化度的影响

所谓固化(fossilization),指的是语法和词汇学不再有能产性的一种结构(Crystal,2008:197)。固化结构有这样的特点:语序相对稳定,不容许结构内的成分向外移出。英语里有一种动宾的位置较为固定,多在间接宾语后面,这类动词是一些表示动作的边缘类事件名词[①],它们与虚动结合后受其影响较大,导致结构固化度增强。例如:

①a. I gave him a punch in the face.

b. * I gave a punch to him in the face.

②a. She gave him a kiss/bath/clout.

b. * She gave a kiss/bath/clout to him.[②]

充当这类宾语的事件名词还有很多,常见的能进入 DVC 的边缘事件名词主要有 dig(刺,戳)、embrace(拥抱)、fling(扔,抛)、glare(瞪)等(见本书附录)。以上是双及物 give 结构。与此类似,边缘类事件名词与 have、take 结合形成的 DVC 固化度也很高。如:

③a. We had a swim.

b. * A swim was had.

④a. He took a walk.

b. * A walk was taken.

例③a、④a 都合格,例③b、④b 都不合格,这说明事件宾语的独立程度或自由度低,受虚化动词的控制较强,句子结构比较稳定。

---

① 陆丙甫(2012:8)把它归入事件名词家族的边缘类,它们的语义内容相对简单。在实际交际中,这类词表示事件过程或结果时的界限不明显,往往不容易区分。

② 与本族语者交流,有人认为 give a kiss to sb. 也是合格的。但在《牛津英语搭配词典》的例证中,kiss 表示动作"亲吻",还是处于间接宾语之后。我们认为,give a kiss to sb. 可能只在极其随意的场合中使用,还处于言语阶段,没有真正进入语言系统。

但是核心或典型事件名词①,在各种语言中几乎都有名词形式(陆丙甫,2012:8),这类事件宾语的独立性比较强,句法位置相对灵活,这说明它受虚动的控制程度较弱。例如:

⑤a. He gave the postgraduates a demonstration of these techniques.

b. He gave a demonstration of this technique to the postgraduates.

⑥a. She gave (me) a description of him.

b. She gave a description of him to me.

常见的这类事件名词还有 advice、answer、consideration、encouragement、help 等。

汉语 DVC 中的事件宾语也会因为虚动的控制而使得固化度有强弱之别。动词和虚动结合后,动词的受事一般要置于动宾之前。例如:

⑦a. 调查资源

b. *进行调查资源

c. 对资源进行调查

⑧a. 解决问题

b. *予以解决问题

c. 对问题予以解决

综上所述,英汉 DVC 的固化度都受到虚动的影响,但是具体表现不太一样。典型英语的 give 双及物结构,固化度高,句子只能采用内与格结构,即动宾的受事只能置于动词和动宾之间,而 have/take 结构中的动宾独立性弱,只能置于虚动后面,表明边缘类事件名词形成的 DVC 固化度高,动宾的独立性弱,动词对其控制强,句式稳定;非典型类事件名词形成的 DVC 固化度低,动宾的独立性强,动词对其控制弱,即虚动对动宾控制程度低,句式不

① 核心事件名词,指表示复杂事件的名词,这类名词的过程与结构比较容易识别(陆丙甫,2012:8)。

稳定。汉语 DVC 的受事只能前置,有时还要添加介词,这说明汉语虚动对动宾施加间接影响。

## 第三节　虚化动词的控制度和事件宾语的指称性

从前文的分析可以看出,当事件名词成为 DVC 的动宾后,它的动词性或陈述性(predicativity)或多或少会减弱,而指称性(referentiality)或多或多会增强。我们知道,所有名词都有一定的指称性,动宾当然也会有指称性,但是动宾的指称性,和指称实体的名词如 computer、wall、desk 等比较起来,情况更加复杂,见下文论述。

### 一、英语事件宾语的指称性

要理解事件宾语的指称性,可以观察这类宾语的句法特性及形态标记。

ⅰ.形态标记

英语事件宾语可以带复数标记,例如:

①**The dog gave loud barks.**

②**He kept giving great yawns.**

以上两例的 barks、yawns 分别是 bark、yawn 的复数形式,其语法语素都是-s(复数标记),-s 是形态标记。

ⅱ.带限定词

英语 DVC 中有部分事件宾语可以带限定词,如数词、冠词等。例如:

③**His girlfriend gave him a pinch.**(带不定冠词)

④**I gave the door three kicks.**(带数词)

ⅲ.核心事件名词能做被动句的主语

⑤**A description/presentation was given.**

⑥**Orders were given.**

以上例子说明,事件宾语都有一定的指称性,但其指称性有强弱之分。如果换个视角观察会发现,事件名词在某种程度上和普通名词极为类似,如有的事件名词能充当先行词,引导一个关系从句。这类词主要是那些核心或次核心事件名词,它们能带一个非限制性关系从句,如:

⑦**The man on the right gave a loud groan, which chilled me to the marrow.**

右侧的那位男子大声地呻吟了一声,使我寒冷彻骨。

⑧**Toward midnight, Mr. Yao thought he heard his wife utter a scream in her sleep, followed by a stirring in the room.**

时将半夜,姚先生觉得听见太太在睡梦中惊呼一声,然后屋里有骚动声。①

以上例子印证了 Macfarland(1995:70)关于 DVC 中的事件宾语是动词的论元的观点。事件名词可充当先行词,与关系从句中的关系代词 which 有共指关系。

## 二、汉语动词性宾语的指称性

汉语缺乏英语特有的形态标记,我们只能通过一些句法特征来考量汉语动宾的指称性。沈家煊(2013:12)以“进行”为例,从四个句法特征“带体标记、带状语、带宾语、带定语”的角度出发,证明了进行类 DVC 里动宾的名词性最强,也可以说指称性最强。对于处置类 DVC,动宾一般可以向左扩展,添加合适的修饰性定语。如:

① 转引自《京华烟云》(林语堂著,张振玉译,凤凰出版传媒集团,2009)。

**①加以/给以/予以/进行认真的研究**

**②加以/给以/予以/进行行政处分**

以上两例有定语标志“的”，说明事件名词“研究、处分”具有指称性，起名词的作用。当然可添加的修饰语也有条件限制，如处置类虚动的宾语，不可加“时量、物量”定语等（周刚，1995），论证从略。

以上分析说明一个事实：无论是英语的事件宾语，还是汉语形式动词的宾语，都经历了指称化，都具有名词性或指称性。

## 三、英语事件宾语的独立性

从逻辑上来说，虚动对事件宾语的控制性越强，事件宾语的独立性越弱；反之，虚动对事件宾语的控制性越弱，则事件宾语的独立性越强。根据 Kearns（1988:1）的观点，虚动分为典型类与非典型类。Kearns 提出了六种检验方法，其中某些方法可以为我们所用，作为检验事件宾语独立性强弱的标准。

### （一）移位

移位有两种：一是被动转换，二是 Wh 移位。典型 DVC 中的英语事件宾语一般不允许移位，而核心类事件宾语无此限制。试比较：

**① * A walk was had.**

**② * A swim was taken.**

**③An inspection was made sometime last week.**

**④A demonstration of the new equipment will be given on Monday.**

例①、②都包含了一个动作名词，分别是 walk 和 swim，二者都不能移位，说明其缺乏独立性；而例③、④各自包含一个复杂事件名词，分别是 inspection 和 demonstration，却能够通过移位来充当句子的主语，说明其独立性较强。以上也表明这一事实的普遍性，即不同类型事件名词的独立性或自由度不同。简单说来，表示复杂事件的宾语较为自由，受虚动的控制较弱，其句法位置灵活；而表示简单动作的事件名词，受到虚动的控制性强，独立性弱，它们在句子里不能随便移到别处，如主语位置。

再看 Wh 移位的例子：

⑤ * Which groan did John give?

⑥ * Which pull did John give the rope?

⑦Which offer did the finance company make?

⑧Which explanation did the second witness give for the delay?

上例⑤、⑥都不合格，说明动作名词宾语 groan 和 pull 不能移位，它们的独立性弱。相比较，例⑦、⑧中的复杂事件宾语 offer 和 explanation 都可以移位，说明其独立性较强。这再度表明，动词对不同类别的事件名词的控制有程度差异。

从上面的例证来看，动作事件名词宾语的位置相对较为固定，其独立性较弱；而复杂事件名词宾语的位置相对较为灵活，独立性较强。

### （二）替换

除了移位，我们还可以根据事件宾语是否能被其他词替换来检验其独立性，这里主要是用代词替换。例如：

①The deceased gave a groan at around midnight, and gave another one just after two.

② * I gave the soup a heat and then Bill gave it one too.

③The Health Department made an inspection on Monday and may make another one before prosecuting.

④**If you can give a presentation after lunch, I'll give one/mine after yours.**

例①的可接受性受到怀疑,而例②明显不合格,因为事件宾语 heat(加热)不能被代词替换。例③、④都可以接受,这说明只有复杂事件名词 inspection、presentation 才能被其他成分替换。上述分析表明,简单动作名词的独立性弱,复杂事件名词的独立性强。

## (三)带同位语从句

除了 Kearns 的方法外,英语事件宾语的独立性还可以通过观察它是否能带同位语从句来甄别。若事件宾语能带同位语从句,则表明其独立性较强,反之,则较弱。例如:

①**She gave him a hint that she would like him to leave.**

②**John made the claim that he was happy.**

③**He made the suggestion that we join the Artists' Guild.**

这类事件宾语大多由言语行为动词(speech-act verb)派生而来,它们的独立性比动作名词强。可以引导一个同位语从句的事件名词还有 decision、pledge、order、assurance、indication、promise、suggestion 等。这类词当中,部分词原本就是名词,如 hint、order,后来转化成动词,是名词动用。这类词的指称性强度与复杂事件名词类似。而边缘类事件名词充当的事件宾语不能带同位语从句,说明其独立性较弱。例如:

④ * **She stretched her arms out and gave a great yawn that she hoped to leave.**

⑤ * **Father always takes a nap in the afternoon that he is tired.**

概括起来,事件宾语只要满足上述三个标准,即可以移位,或可以被替换,或可以带同位语从句,则其独立性强,反之,其独立性弱。

### (四)形态标志

从词语的形态来考查英语事件宾语,大致有以下几种情况。有的事件宾语与原生动词(parent verb)同形,如 cry(v.)/cry(n.)、groan(v.)/groan(n.),这是词类转化的结果。词类转化比较复杂,根据张道真(1979:12-13)的观点,有些词通过改变词尾的清浊音来改变词类,有的拼法无变化,有的拼法也跟着改变,这也是词类转化,但笔者认为这不是严格意义的词类转化,把它看作广义的词类转化较合适,它似介于词类转化与派生之间。如 advise(v.)和 advice(n.),还有一些词在转变为另一词类时,元音也发生了变化,有的元音不变,但拼法变了。例如:bathe(v.)和 bath(n.),speak(v.)和 speech(n.)。还有部分事件宾语是动词添加后缀而成,即衍生构词,如 demonstrate(v.)和 demonstration(n.),inspect(v.)和 inspection(n.)。还有一种是屈折形态,即动名词(一种动词的-ing 形式),如 flogging、beating、whipping。从前文的讨论可以看出,通过衍生构词的语词基本上独立性较强,名词性或指称性也强。换句话说,形态标记可以作为判断其独立性的标准,而与原生动词同形的词,情况要复杂一些,如 scream、hint、claim 等,往往需要借助句法手段来判断其独立性强弱。

## 四、汉语动词宾语的独立性

汉语 DVC 中的动宾也有独立性程度强弱之分。由于汉语是形态相对比较匮乏的语言,判断汉语 DVC 的动宾独立性的标准没有英语多。这里,动宾的受事移位可以作为衡量动宾独立性强弱的标准。

一般来说,汉语 DVC 中的动宾置于虚动后。但是,部分结构中的动宾可以置于虚动前,如进行类,体现其句法位置灵活的一面。笔者假设动宾能前置的独立性强，动宾不能前置的，其独立性相对要弱。试比较：

**①a. 问题又被某些人以种种理由给以反对。**

**b. ＊反对问题又被某些人以种种理由给以。**

**②a. 首恶分子必须予以惩办。**

**b. ＊ 惩办首恶分子必须予以。**

**③a. 对那一带方言已经进行过调查。**

**b. 调查那一带方言已经进行过。**

**④a. 我们进行三个月考查，才弄清了这里的情况。**

**b. 我们考查进行了三个月，才弄清了这里的情况。**

**⑤a. 继续进行斗争。**

**b. 斗争继续进行。**

上例①、②都是处置类 DVC，a 都合格，而相应的 b 都不合格，说明动宾不能移位，换句话说，它们的独立性弱。与之对照的是进行类 DVC 例③～⑤，所有句子都合格，说明动宾可以移位，换句话说，它们的独立性强。如何解释这一现象？根据周小兵(1987)的观点，“进行”与动宾的关系比较松散，“进行”更像一个普通动词，虚动“进行”的语法化程度低。从以往研究来看，处置类虚动被一些学者归入粘宾动词，如杨锡彭(1992)等，它们不能独立使用，其后必须带另一成分才站得住；而进行类动词，似无人把它们称作粘宾动词。表面上看，这是因为谓语动词的属性，但实际上，是动宾的属性造成了上述现象。根据杨锡彭(1992)的论述，动词的粘宾性与动词的语法形式构成贫乏有关。笔者的理解为：所谓“动词的语法形式构成贫乏”，应该指粘宾动词的句式变化相对单一。但何以致此，目前鲜见有文献予以解释。本书认为，这与动宾的指称性有关。语词的指称性强，更像名词，它对动词的倚赖性弱，或者说，动词对它的控制度弱，它的独立性强，更容易移位至动词前面。那些表示复杂事件的名词基本上都属于这一类。与之形成对照的是，那些置于处置类形式动词后的动词宾语，受动词控制力强，独立性弱，不容易移位到动词前。

概括起来，汉语 DVC 的动宾，只要能够移位的，其独立性强；反之，其独立性弱。独立性和动词的控制度呈共变关系。虚动对动宾的控制性强，则动宾的独立性弱；反之，若虚动对动宾的控制性弱，则动宾的独立性强。动宾的独立性和其指称性也有一定关系，见下文分析。

### 五、动词宾语的独立性和指称性的关系

"名性"和"动性"的本质是"指称性"和"陈述性"（沈家煊，2013：12）。这句话可以理解为，可以用"指称性"表示或代指"名性"，用"陈述性"表示或代指"动性"。根据王冬梅（2003）的观点，动词的控制度越强，则动宾的独立性越弱；反之，动词的控制度越弱，则动宾的独立性越强。王文同时指出，动词的独立性和名物化是有区别的，独立性减弱不等于名物化，但是可以肯定以下论述：名物化的结果必定是独立性的减弱；动词的控制度和动宾的名物化之间大致上存在一种共变关系，即动词的控制度较强时，动宾的名物化程度较弱；反之，若动词的控制度较弱，则动宾的名物化程度较强。

## 第四节　虚化动词的控制度和事件宾语指称性的关系

### 一、英语的情形

从形态上来看，英语动宾的中心词有的与动词同形，有的词带-ing 词缀，还有一些词是由动词加词缀形成（Quirk，1985：750），单纯从形态上很难看出动宾在指称性上有哪些规律。根据陆丙甫（2012：1）的观点，表示动作、

行为、事件等“过程”的名词，可统称为“事件名词”，但是只有表示“事件过程”的才是典型的“事件名词”。然而由于事件的“状态”意义跟“过程”意义有时不容易区分，如“微笑”，事件名词的指称性或名性的强弱就不大容易确定，或者说不容易确定事件名词的指称性等级。陆丙甫(2009:25)还认为，事件名词按照指称性强弱可以分为三个等级：指称性最强的是表示动作义的名词，如 study、transformation 等，其方式修饰语只能是形容词；其次是 -ing 动名词①，其方式修饰语可以是形容词也可以是副词；指称性较弱的是 to 不定式(包括不带 to 的动词不定式)，其方式修饰语只能是副词。陆丙甫(2012)发现，在编码形式上，指称性最强的一般具有复杂性语义参数，指称性最弱的具有简单性语义参数。动作名词属于事件名词的边缘成员，包括三类：第一类是表示简单的动作，如 jump、kick、wash 等；第二类跟声音有关，包括与人类发声有关的词，如 shout、call、cry 等，还有表示动物叫声的词，如 bark、bleat 等，以及其他各种特别声音的词，如 rattle、bang、bump 等；第三类与人的表情有关，如 smile、grin、frown 等。以上三种动作名词都属于事件名词家族的边缘成员，是名性或指称性最弱的一类事件名词。介于两者之间的是 V-ing 动名词，如 boating、climbing 等。还有一类是“非自主”事件名词，如 sneeze②、sigh，它们所表示的行为并不复杂，属于专职事件名词。通过对 OCDSE 和 BBI 等英语词典的检索发现，动作名词的搭配能力相当有限，如 swim 大概只与 go for、have、take 搭配，而 walk 仅可以和 do、go for、go on、have、take 搭配。陆丙甫认为，英语这一用法是动词名用(个人交流)。以上意义如果用汉语表示，往往要用动词表达(王寅，1990:40)，且一般采用重叠式的动词(任学良，1981:177)。英语事件名词的指称性等级可如下所示，规律为：由左至右，指称性依次减弱。

---

① 陆丙甫原文是“其次是-ing 不定式动名词(gerund)”，疑存在印刷错误。兹已做修改。

② 根据《新时代英汉大词典》，sneeze 起初就是名词，后活用为动词，可以认为它属于“名词动用”，而 sigh 起初是动词，后做名词，属于“动词名用”。

复杂事件名词(含专职名词、动词派生名词)>动名词>简单动作名词[①]

通过上文分析,可以看出,如果以虚动为参照点,与之共现的事件宾语的指称性具有强弱之别,且与控制度存在着一种共变关系:虚动的控制度越强,事件宾语[②]的指称性或名词性越弱;反之,虚动的控制度越弱,事件宾语的指称性或名词性越强。见图4.1。

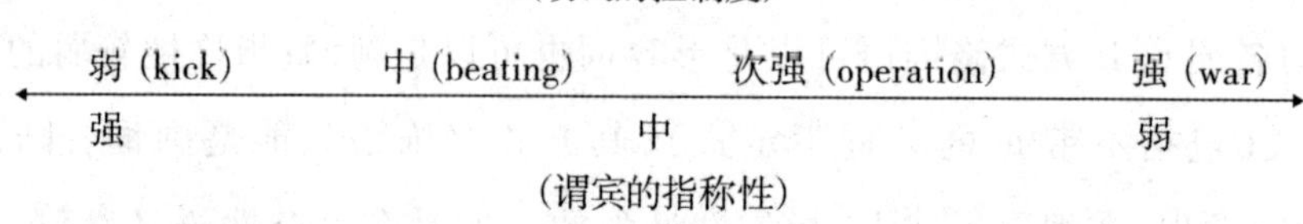


**图4.1　虚动的控制度等级**

英语复杂或核心事件名词的指称性最强,受动词控制的程度最弱,往往编码为专职名词,如 war、suggestion、demonstration 等;而介于中间的是 V-ing 动作名词,如 beating、flogging、thrashing、whipping 等;指称性最弱的是动作或边缘事件名词,如 snort、shudder、shrug、pull 等,它们受动词控制的程度最强,见表4.1。

**表4.1　动词对事件宾语的控制矩阵(英语)**

| 类别 | 动词控制度强 | 谓宾的独立性强 | 谓宾的指称性程度高 | 例词 |
|---|---|---|---|---|
| 专职事件名词 | − | + | + | war |
| V-ing 动名词 | +/− | − | −/+ | beating, whipping |
| 简单动作名词 | + | − | − | kick, walk |

① 陆丙甫(2009)划分的指称性强弱等级为:事件名词>动名词>动词不定式。根据本书研究,同为事件名词,也存在指称性强弱之别。另外,简单动作名词指称性强度似应位于动名词和动词不定式之间,即比动名词弱,但比动词不定式强,证明从略。

② 事件宾语,类似汉语谓词性宾语(谓宾)。本章谓宾和事件宾语同义。

根据图表,我们可以总结出不同动词对事件宾语的控制度的规律:简单动作名词 > 动名词 > 专职事件名词。

以上分析和总结显示出,英语事件宾语的指称性呈连续统,从而印证了语义地图(semantic maps)[①]的合理性,即语义编码在概念结构上是连续的。

## 二、汉语的情形

尽管汉语 DVC 的动宾缺乏形态标记,但也存在指称性强弱之别。从前文分析可以看出,同样是虚动,但是处置类动词"予以、给予、加以、给以"等对动宾的控制度强,充当动宾的成分"名动词"(朱德熙,1985)。"讨论、说明、解释"等,这类词的独立性弱,换句话说,虚动的粘宾性强,对动宾的控制度也强,动宾的指称性弱。进行类虚动,如进行结构中的动宾独立性强,指称性也强,或者说,虚动对动宾的控制度弱。这里有必要区分专职事件名词如"手术、战争、仪式"和兼类名动词[②]如"讨论、演讲"等。虚动的控制度与动宾的指称性呈共变关系。虚动的控制度越强,动宾的指称性或名词性越弱;反之,虚动的控制度越弱,动宾的指称性或名词性越强,见表 4.2。这说明,王冬梅(2003)的结论具有普遍性,汉语 DVC 也适用该结论。

---

① 语义地图模型(semantic map model)是近些年兴起的语言类型学中一种重要的研究工具或视角(吴福祥,2011:336),具体内容可参考 Croft (2003)、Haspelmath(2003:211 - 242)、吴福祥(2011)等学者的论述。

② 采纳陆丙甫(2012:3)的称呼。

**表 4.2　动词对事件宾语的控制矩阵(汉语)**

| 类别 | 动词控制度强 | 谓宾的独立性强 | 谓宾的指称性程度高 | 例词 |
| --- | --- | --- | --- | --- |
| 专职事件名词 | - | + | + | 手术 战争 |
| 兼类动名词 | +/- | - | -/+ | 讨论 演讲 |

从以上分析总结出,英汉 DVC 中动词的控制度和动宾的名物化之间都存在一种共变关系,即:虚化动词的控制度越强,事件宾语的指称性或名词性越弱;反之,虚动的控制度越弱,事件宾语的指称性或名词性越强。由于英语有形态变化,进入英语 DVC 的事件名词涉及三类,即专职事件名词、动名词和简单动作名词;而进入汉语 DVC 的事件名词仅涉及两类,即专职事件名词和兼类名动词①。这说明,英语 DVC 里的事件名词受到形态的影响,其指称性等级的连续统比汉语略复杂。

## 小　结

本章基于大量语料,从英汉虚动的控制度与动宾名物化的关系视角出发,就动宾的独立性、指称性等方面讨论了虚动的控制度和动宾的共变关系。研究发现,英语动宾虽然数量众多,但基本上可以划分成以下几类:复杂事件名词(包括专职名词、名词动用的词、带形态标志的派生词)、动名词、动词转化而来的简单动作名词(动词名用)。这三大类词的指称性在程度上有一定的差别。深层次来看,事件宾语的指称性和虚动的控制度存在

① 陆丙甫(2012:3)列出四类词:单音节动词、一般双音节动词、兼类名动词、专职事件名词,其中能与虚动搭配的是后两种。

一种共变关系，即动宾的指称性越强，受动词的控制越弱，它在句中的独立性也越强，DVC 的结构越不稳定，或者说 DVC 的固化度越低。这类词包括复杂事件名词，如 war、effort、suggestion 等。陆丙甫认为①，即便是通过词缀派生的名词，它们之间的指称性强弱也有一定差异，如 activity 与 action 在指称性上就有差别，但规律性可能不那么明显。反之，动宾的指称性越弱，受到动词的控制性越强，在句中的独立性越弱，DVC 的结构越稳定，或者说 DVC 的固化度越高。前一类词的语义内涵的复杂性也较强，一般编码为复杂事件；后一类词的语义内涵相对简单或单一，常编码为简单动作事件。指称性介于两者之间的是动名词。与英语类似，汉语虚动的控制度与动宾的指称性也存在上述的共变关系，只是汉语的事件名词形式类别少，只有专职事件名词与兼类名动词两大类，专职事件名词的指称性强度高于兼类名动词。本书的结论在一定程度上证实了语义地图模型的合理性，即语义编码在概念结构上是连续的。另外，从语义或翻译等值的角度观察，除极少数情况外，英语 DVC 和汉语 DVC 很难做到一一对应，即使对应也仅限于某些非典型 DVC 与汉语 DVC 的对应。② 如"Units and individuals that win labor competitions should be given appropriate awards"与"对于劳动竞赛中优胜的单位或个人，应该给以适当的奖励"。再如"If the competent authority makes no response within the specified time, the contract shall be deemed to have been approved"与"审批机关逾期未予答复的，视为合同获得批准"。从动宾形式上看，英语 DVC 比汉语 DVC 的类型稍多，因事件名词类型丰富些，虚化动词的控制区域可能比汉语范围广。以上研究只是初步显示了英汉语中不同事件宾语指称性的分布趋势，事实上，由于事件名词自身的复杂性，如何更加科学、更加精准地确定它们在语义地图上的位置，还需要做深入和系统的研究。

---

① 个人通讯交流。

② 这里指可以用同类结构即 DVC 表述相同的意义。由于本章并非讨论 DVC 翻译问题，笔者只是把这一问题提出来，引起读者注意，但不做详细论述。

# 第五章　英汉虚化动词结构的使用动因和语法隐喻分析[①]

① 本章部分内容参考了拙作《英语虚化动词结构使用的多维分析》。原文研究对象主要限于英语，本章是英汉语对比研究。

从英汉 SVC、DVC 的句法语义进行观察发现,多数 DVC 可以变换为 SVC。如英语有如下对应结构:

**①a. She gave him a kiss.**

**b. She kissed him.**

**②a. She took a drink.**

**b. She drank.**

**③a. She had a smoke.**

**b. She smoked.**

同理,汉语也如此。例如:

**④a. 他们花了整整一年时间进行调查。**

**b. 他们调查整整花了一年时间。**

**⑤a. 用足够的篇幅加以说明。**

**b. 用足够的篇幅说明。**

**⑥a. 首恶分子必须予以惩办。**

**b. 首恶分子必须惩办。**

在英汉语中,类似上述语义对应或基本对应的例证还有很多。仔细地观察之后会发现它们的共同点,即编号为 a 的例句都包含一个虚化动词和动词宾语,二者构成 DVC,并且 DVC 多能被一个有着确定语义的 SVC 替换。[①] 这一语言现象被 Sinclair(1999:113)称作"渐进虚化"(progressive del-

① 这里姑且不考虑二者在语体、语用及细微语义等方面的差异。

exicalization)。英语典型 DVC 的动词宾语是宾语的边缘成员。事实上,英语中部分 DVC 还有与其同义并且结构也类似的同源宾语结构(COC),如 dream a dream、smile a smile。因此,同一语义可能有两三种表达方式。从语言表达的经济性角度考虑,不论是英语、汉语,语言使用者都应该首选字数较少、语言结构相对简单的 SVC。从形式同构的角度看,COC 和 DVC 理应能任意互换。但大量语言事实表明,实际情形并不如我们想象的那样。卫乃兴(2011:59)依据语料库进行的统计研究表明,虚化动词(delexicalized 亦称"非词语化动词")①,如英语的 do、give、have、make、take 等,以及汉语的"做、给、给予、进行"等,它们的实义(词语化)用法和意义已经退至边缘,虚化用法和意义已成为核心。倘若卫著的观点正确,那么这表明 DVC 的使用已经非常普遍,其使用频率有超过 SVC 的趋势。Dixon(1991:337)统计了约 700 个最常用的英语动词,发现其中约有四分之一的词语能和 have、take、give 中的任何一个虚化动词结合形成 DVC,这说明 DVC 有一定的能产性。这一观点在国外语法论著里已得到证实。Huddleston(2002:291)认为,虚化动词和动词宾语的组合已有一定的多产性,但是,绝非所有的这类结合体(combination)都可以被看成词汇单位。由于此结构还没有完全固化下来,能进入这一结构的英语动词还会不断增加,中小型词典要想悉数收录此类结构显然是不够现实的。与之比较,笔者以"形式动词"为主题词,通过中国知网检索,发现已发表的论文达到 492 篇(截止到 2019 年 5 月),以"形式动词"为关键词的论文也有 61 篇(截止到 2019 年 5 月)。这在一定程度上表明,汉语 DVC 的研究或使用也引起了学界的广泛关注。在本章中笔者拟从句法、语义、语用、语篇等层面对英汉 DVC 背后的使用动因进行比较,找出二者的异同。

---

① delexicalized 也被译作"非词语化",见卫乃兴(2011)。

# 第一节　使用动因的比较

在特定语篇里,语言使用者选择 DVC,而舍弃与它语义相同或相关的 SVC 或 COC①,笔者认为,这绝非偶然,而是某种内在机制或动因在起作用,换句话说,DVC 的使用会受到某种因素的影响或制约。本书绪论中提到,DVC 的成因研究或语用研究,从某种意义上说,也是一种功能研究,这只能说明二者的关系密切,并不意味着,“动因”和“功能”是异名同实。《现代汉语词典》(第 7 版)中“动因”指“动机,原因”;《现代汉语规范词典》(第 3 版)中“动因”指“促使人从事某种活动的念头”。对于“功能”的解释,《现代汉语词典》(第 7 版)中为“事物或方法所发挥的有利的作用;效能”。《现代汉语规范词典》(第 3 版)对它的解释是“事物的功用和效能”。概括起来说,“功能”是以 DVC 为参照点(reference point),是基于 DVC 所能发挥的有异于其他结构的效能而言的;而“使用动因”很大程度上是以语言使用者为参照点,是基于制约 DVC 的使用或用法的规则而言的。语言使用者在特定情形下,必须使用 DVC,不然会违反语法规则,造出不合格的句子。由此可见,动因不同于功能,但是二者存在着某种关联。在一些情况下,如果换个角度观察就会发现,基于功能驱动使用 DVC 会成为一种动因。本节重点从句法、语义、语用和语篇几个层面来分析影响 DVC 使用的动因。

## 一、句法层面

朱德逵(1982)指出,句法对英语 DVC 的制约和影响体现在如下几点:

① 这里 COC 仅针对英语而言。

ⅰ. 便于安排修饰语

①a. He knows French well.

b. He has a good knowledge of French.

②a. He recovered spectacularly.

b. He made a spectacular recovery.

以上两组句子的例 a 为 SVC,读起来并不自然,改成 DVC 后,读起来会自然些。

ⅱ. 避免使用不定代词

③a. He murdered someone.

b. He committed a murder.

④a. He criticized someone.

b. He made a criticism.

以上两例 a 都含有一个不定代词,使用 DVC 则避免了不定代词的出现。从另外一个角度看,使用 DVC 可以使动作的受事隐匿起来。当然这也可看作是语用的制约或影响,但句法结构的影响也不容小觑。

与之比较,汉语 DVC 里"把"和"对于"的动词结构和介词结构在编码过程中,其主要动词部分要求使用一种复杂的形式,而不能是一个单独的动词,这里虚化动词的使用使动词或介词结构后边的名动词复杂化,以适应结构上的要求(朱德熙,1985:4),这是句法对汉语 DVC 的制约。例如:

⑤a. 把这批资料整理一下。

b. 把这批资料整理好。

c. 把这批资料加以整理。

d. *把这批资料整理。

⑥a. 对犯罪嫌疑人等的行踪布置人员予以监控。

b. *对犯罪嫌疑人等的行踪布置人员监控。

⑦a. 区县主要领导干部应该向群众承认错误做/进行检讨。

**b. ＊区县主要领导干部应该向群众承认错误检讨。**

**⑧a. 这种损公肥私的行为必须坚持原则予以/进行抵制。**

**b. ＊这种损公肥私的行为必须坚持原则抵制。**

例⑤、⑥各包含一个介词词组，带星号的例句在结构上不自足，如例⑤d，或读起来不自然，如例⑥b。例⑦、⑧是动词结构，其中例a为合格，而例b为不合格。显然，这与是否使用虚化动词结构来满足句法需要有关。由此可见，虚化动词的使用很多时候会受到结构的影响。

句法对汉语虚化动词的影响还体现在某些结构上。例如，含动词义的成分在形式上是体词，不能做谓语，需要添加一个虚化动词，使之成为谓词，也就是使其指称性减弱，陈述性增强，从而满足句法需要（朱德熙，1985）。例如：

**⑨a. 由于经济濒临崩溃，再也没有足够的力量进行战争了。**

**b. ＊由于经济濒临崩溃，再也没有足够的力量战争了。**

**⑩a. 在老专家的指导下，一星期之内先后对六名心脏病患者做了手术。**

**b. ＊在老专家的指导下，一星期之内先后对六名心脏病患者手术。**

上述例句中“战争、手术”是纯名词，它们不能做谓语，添加形式动词后便可以，类似的名词还有“口试”等。

## 二、语义层面

### （一）语义对英语 DVC 的影响

语义对英语 DVC 使用的制约体现在三个方面：

1. 修饰语的语义差异

有些形容词、副词的词义不同，导致 DVC 和 SVC 的语义各异，发话人根据交际目的选择适合的结构。例如：

①a. **I had a quiet read in the afternoon.**

我下午悠闲地读书。

b. **I read quietly in the afternoon.**

我下午默书。

②a. **Have a good laugh at them, Jones. They won't take it amiss.**

b. *** Laugh well at them, Jones. They won't take it amiss.**

例①a、b 两句中分别含有同词根的词 quiet 和 quietly，前者是形容词，后者为副词，二者在语义上有细微差异。根据《牛津高阶英汉双解词典》(第 8 版)，quiet 的释义是"not disturbed; peaceful"(清净的；平静的；恬静的)。例①a 强调句子的施事在读书时，不仅"安静"，更侧重方式或状态"悠闲"。而 quietly 承载原形容词的基本释义"making very little noise"(轻声地；轻柔地；安静地)"，例①b 侧重句子的施事"默读"(read silently)、"默念"。两句都涉及"读书"，但从汉语译文也能看出两句的细微差异。根据《现代汉语词典》(第 7 版)，"悠闲"的意思是"闲适自得"。结合例句，"悠闲地读书"不一定出声，更具主观性，而例①b 强调"读书"的声音较轻，却不一定悠闲，偏重客观状况。因此，语言使用者需结合语境选择恰当的语言结构。

例②a 合格，例②b 不合格，原因在于结构内部的语义冲突。依据《牛津高阶英汉双解词典》(第 8 版)，例②a 的形容词 good 的释义是"thorough; complete"(彻底的；完全的)，它的意义可引申为"做事耗费的时间久"。词组 good laugh 可以理解为程度上"尽兴"，表明动宾成分 laugh 所表示的事件对主语有利。同上所引词典对副词 well 的释义是"in a good, right or acceptable way"(好；对；令人满意地)，well 的意义往往与事件的结果联系紧密，如谚语"He laughs best who laughs last"。laugh well 在祈使句中属于"非现实"(irrealis)，这里 well 含有客观意义，动作的施事无法对宾语予以控制，因此，结构内部的语义冲突，不符合语法。

2. 词汇空缺

“词汇空缺”(lexical gap)指某些形容词在语义上缺少相应的副词形式。例如：

③a. **… and Mrs. Farthing had her big wash**

b. *** and Mrs. Farthing washed bigly…**

④a. **have a hot bath**

b. *** bathe hotly**

⑤a. **take a well-earned rest**

b. *** rest well-earnedly**

以上三例的例 a 为合格，例 b 为不合格，这说明部分 DVC 不能被 SVC 替换，或者说部分 DVC 在语义上没有相应的 SVC 形式。根据王逢鑫(1989：325)的观点，使用 DVC 便于安排修饰语修饰事件名词，这也显示出 DVC 在句法上的优势。

3. DVC 构式义差异

尽管 DVC 和 SVC 语义相关，但二者如果存在细微的差异，也会影响 DVC 的使用。例如：

⑥**She commented three times very astutely on his suggestion.**

她机敏地对他的意见做了三次评价。

⑦**She made three very astute comments on his suggestion.**

她机敏地对他的意见给了三点评价。

Huddleston (2002:291)认为，例⑥是 SVC，是对事件进行量化(quantify)，这里它侧重行为“评价”的次数有三次，例⑦是对事件的结果进行量化。Huddleston 和 Pullum 认为，例⑦中的 make 更像普通动词，如 She made a model car，其宾语充当“使成性”(factitive)角色，同理，comments 也是行为结果。据此可以推断,它指实体,已不是“语结名词”(nexus substantive)[①],倒像是个普通名词,make 的虚化度很低,或几乎没有虚化。

同一事件名词与不同的虚化动词搭配时,语义也有细微差异。根据 Quirk(1985:752)的论述,give a shriek 指无意识地发出尖叫声,have a good shriek 指由于高兴而有意发出尖叫声,do a shriek 指在观众面前表演。还有学者认为,某些 DVC 的语义使用效果不同于 SVC。朱德逵(1982:31)认为,有的 SVC 在语义上存在模棱两可的情况,而 DVC 可以使句子的意思分明。例如:

⑧a. **The doctor looked at Mary.**

b. **The doctor took a look at Mary.**

c. **The doctor gave Mary a knowing look.**

例⑧a 中 look 既可能与医生的职业有关,也可能与医生的职业无关,其语义模棱两可,具体语义需要结合语境才能确定。而例⑧b 中 look 与医生的职业有关,例⑧c 中 look 则与医生职业无关。王守元(1982:38)指出,SVC 有时会出现语义模棱两可的情况,使用 PV + NP 结构则能避免语义不清的问题。王文的 PV + NP 即英语 DVC。此外,由于不定冠词的介入,DVC 结构最终所表达的动作会更加具体、形象。例如:

⑨a. **He smoked.**

b. **He had a smoke.**

⑩a. **He pushed me.**

b. **He gave me a push.**

例⑨a 为 SVC,这里指抽烟的行为,其意义比较模糊,听者难以判断抽了几支烟;例⑨b 是 DVC,其意义明确,指句中动作的施事(主语)抽了一支烟。

---

① “语结”(nexus)由 Jespersen(1928)所创,指涉及述谓的任何结构。“语结名词”指结构像述谓的名词。如 their analysis of the problem 中的 analysis,也可见 Matthews(2006:298)。

同理,例⑩亦如此,分析从略。

另外,某些英语 DVC 和对应的 SVC 的句义在表达的轻重程度方面有差异,这也是人们首选 DVC 的动因之一。史厚敏(1993)认为,DVC 结构的分量比同义的 SVC 更重些,例如:

⑪a. **They are arguing.**

b. **They are having an argument.**

⑫a. **He recovered rapidly.**

b. **He made a rapid recovery.**

史文认为,DVC 的表现力比 SVC(尤其不带状语时)更有分量。这种不同虚化动词与同一动词宾语搭配的结构在语义上有细微差异的动词还有 have 与 take。依据 Stein(1991a:201)和张高远(2008)的观点,have 与"饮食类"动词宾语连用时表示"偶然性经历"(casual experience),take 则体现一定的"目的倾向性"(purpose-directed)。另 Kearns(1988)认为,部分典型类 DVC 能使表达的动作或事件"微量化"(trivializing)、"最小化"(minimizing)。[①]

此外,与某些 DVC 同义的 COC[②],二者在语义上仍有细微差异。例如:

⑬**It was a nightmare at the time, but afterwards we all had a good laugh about it.**

它就是个梦魇,可是后来我们都对此哈哈大笑。

⑭**I had a really weird dream last night.**

我昨晚做了个奇异古怪的梦。

⑮**It was a nightmare at the time, but afterwards we all laughed a good laugh about it.**

---

① 具体论述,可见 Kearns(1988:5)、张高远(2008:202),兹不赘述。

② 不是所有 DVC 都有同义的 COC。如 take a look、have a nap 就无相应的 COC。

它就是个梦魇,可是后来我们都对此哈哈大笑。

⑯I dreamt a really weird dream last night.

我昨晚做了个奇异古怪的梦。

例⑬~⑯从汉语译文来说看不出很大差别,但是在以英语为母语的本族语者看来,DVC、COC尽管含有相同的事件名词,然而它们在语义上还是有一些细微差异。笔者通过因特网与国外友人Doug交流得知,一般来说,COC显得有些笨重、古怪、不自然,或许呈现一点儿返祖(a tad atavistic)现象,其语体较为正式,而DVC显得较为自然。①

有的DVC会有特殊的含义。以have a laugh为例,它可以表示三种含义:

ⅰ.类似have a long face(愁眉苦脸)或have bad breath(有口臭)。该结构用以描述人或物所具有的特征或特质,意思是"令人发笑"。例如:

⑰The political cartoon has a laugh on every detail.

这幅政治性漫画每一细节都令人觉得好笑。

ⅱ.表示"大笑"的行为,可能指一个在时间上被延长的事件。例如:

⑱We had a good laugh over his prank.

对他的恶作剧/胡闹,我们哈哈大笑。

⑲The other campers were nice, and we had a great laugh together.

**其他的露营者都很好,我们一起笑得很开心。**

laugh做不及物动词可以与at、about、over等介词搭配,表达不同的意思。以laugh at为例,它有三种含义:因……而笑;嘲笑;把……付诸一笑,漠视。例如:

⑳We all laugh at the joke, except Henry.

---

① 某些COC已固化为习语,如sleep the sleep of the just(安眠,高枕而眠)。Doug说自己会不自觉地使用这类习语。

此时，at 可以替换 about，二者在意义上无区别。

㉑**They laugh at Jack's queer idea.**

㉒**We should laugh at the difficulties instead of being overcome by them.**

laugh 做及物动词，除了用于 COC，还有以下用法：

ⅰ. 以笑表示。例如：

㉓**He laughed his consent.**

他笑着表示同意。

ⅱ. 笑得使……，用于动结式。例如：

㉔**He laughed himself breathless.**

他笑得喘不过气。

上面 laugh 的 SVC 用法，若换成 DVC，往往无法表示某些含义，如“漠视”。这说明：由 laugh 构成的 SVC 和 DVC，二者在语义上并不是一一对应的。句子格式的选择常受语义制约。正如 Wierzbicka（1988：4）所言：“然而，在任何情形下，句法的可能性取决于潜在的语义结构（即发话人意欲表达的意义）。”①

另外，COC 里的宾语要求带修饰语，修饰语既可前置也可后置（Huddleston，2002：305）。例如：

㉕ **I dreamed a scary dream last night.**

㉖ **She slept the sleep of the just.**

而 DVC 的动词宾语是否需要带修饰语，则有着较多的个体差异。

## （二）语义对汉语 DVC 的影响

语义对使用汉语 DVC 格式的影响主要体现在语言的文体上。袁杰和夏

① Wierzbicka 的原文：In every case, however, the syntactic possibilities are determined by the underlying semantic structures (that is, by the intended meaning).

允贻(1984:34)指出,虚化动词之所以出现在事务文体的文章之中,是由于它们能够表达一种正式、庄重的语气,或者说,它们可以赋予文章一定的文体色彩。吕叔湘(1980)对"进行"的用法是这样解释的:只用于比较正式、庄重的活动,不用于非正式的或短暂的活动。例如:

**①进行谈判/ * 进行说话**

**②进行反抗/ * 进行反对**

关于处置类虚化动词,吕叔湘(1980)认为,"给以"多用于书面。例如:

**③他有困难,我们应当给以帮助。**

反过来,口语化的话语不适宜使用虚化动词(袁杰、夏允贻,1984:35)。例如:

**④ * 堆雪人,打雪仗,孩子们正在进行游戏。**

例④不合格,若改成例⑤,句子的文体色彩便协调了。

**⑤堆雪人,打雪仗,孩子们正在玩游戏。**

周刚(1995:281)认为虚化动词主要用于政论、事务、科技语体,它们出现的频率相当高,并且虚化动词的使用范围已经展现出从记叙性的政论、事务、科技语体向描绘性的文艺语体扩大的趋势。这说明尽管语言会随着时代的变迁而发生变化,但是语义对汉语虚化动词的影响仍然是不容否认的。

## 三、语用层面

### (一)语用修辞

先看一个例子:

①a. He visited Vienna, where Mozart heard him play and said, "Watch that young fellow; **he is going to cause a stir in the world**." When he was sixteen his mother died; and three years later his father was dismissed from his post at Court.

他(贝多芬)参观了维也纳。在那儿,莫扎特听完他的演奏后说道:"瞧那位年轻人啊;他定会轰动这个世界。"贝多芬十六岁那年,母亲去世;又过了三年父亲被宫廷辞退。

以上这段话是描写音乐家贝多芬的,其中用到一个 DVC"cause a stir"。作者完全可以这样写:

**①b. "Watch that young fellow; he's going to stir the world."**

不难看出,上例 a、b 两句语义基本相同。但是 a 包含一个冗长的、有标记的(marked) DVC。根据 Levinson(1987;1991)的方式原则(M-implicature):

说话者准则:不要无故使用一个冗长、隐晦或有标记的表达式。

受话者推理:如果说话者使用了一个冗长或有标记的表达式 M,那么他所要表达的意思,与他使用一个无标记的(unmarked)表达式 U 所表达的意思不一样——具体而言,他试图避免 U 所表达的常规联系及由于信息量原则而产生的隐晦。①

显然,例①a 中的 cause a stir in the world 是有标记的表述形式,而例①b 中的 stir the world 是无标记表述形式。例①a 中的 cause a stir in the world 使用了 DVC,这使 stir 的受事 the world 成为介词宾语,符合了尾重原则,进而又使事件名词 stir 得以强调。如果采用 SVC"stir the world"就无法取得这一特殊修辞效果。stir 被强调,这往往会给读者留下更深刻的印象。Quirk(1985:1396)指出,说话者(addresser)使用 DVC 是为了强调事件活动,即让信息焦点落在活动上。例如:

**②We paid them a visit.**

① 译文转引自许余龙(2004:275)。

**③He gave Helen a nudge.**

例②、③的信息焦点在正常情况下分别是 visit、nudge。

汉语中也有类似的例子，例如：

**④这些青年的就业问题由你们厂进行安排。**

**⑤职工教育经费不足的问题，要妥善地予以解决。**

以上两句的虚化动词"进行、予以"从句法的角度来看都可以省略。[①] 但是否带有虚化动词会使语体风格发生变化（见本章"语义对汉语 DVC 的影响"部分内容）。朱德熙（1985：5）认为汉语虚化动词实际上起了标记作用。笔者认为使用此结构主要是为了实现某种特定的语用修辞效果。

### （二）聚焦策略

看例句：

①Stopping in her tracks, she first extended her arm, bent her elbow, and leaned forward from the hips—all to examine the watch strapped to her wrist; then she **gave a loud double-rap on the door**.

②If there wasn't anything to eat in the house when they came home the old man **gave his old woman a cut over the head**.

③Coral made herself so useful that Mrs. Yao came to depend on her a great deal, and she **had a great influence** in making decisions at the family council.

以上三例都选自文学作品，其中有三处用到 DVC，依次是 gave a loud double-rap on the door（猛敲两下门），gave his old woman a cut over the head

① 汉语 DVC 和英语 DVC 的句法操作不同。英语的虚化动词不能直接省略，否则句子就会不合格，而汉语的情形比较复杂，有的能省略，如文内例证，而下例的"进行"就不能省去。如"由于经济濒临崩溃，再也没有足够的力量进行战争了"。有关分析参见朱德熙（1985：1－6）。

(把老妇人的头划伤),had a great influence(影响力大)。如果把这些 DVC 改成 SVC,则变成 rapped the door loud and for two times、cut the old woman's head 和 greatly influenced,显然其结构仍然合乎语法,但是所表达的效果是不一样的。采用 DVC 结构,让表示动作的词靠近句末来充当事件宾语。根据 Quirk(1985:1396)的论述,当这类虚化动词带事件宾语时,通常它所强调的是活动,而不是动作的参与者"人"。因此,说话人在强调动作时,就会首选 DVC 句式。重新回到前面的例子,例①中作者想强调"she(指护士)"的敲门动作,而不是动作的参与者"护士"。例②强调"头被划伤"这一事件,例③的主语是 Coral。该例首句说 Coral 使自己在这个家里很有用,以至姚夫人最终特别地依赖她,结果 Coral 在家庭会议的决策方面很有影响力。作者使用 DVC"had a great influence in",其目的是强调 Coral 对家庭决策的"influence"(影响)。由于使用 DVC 来强调事件宾语,因此 DVC 具有聚焦功能(张高远,2008:197),这就是传统语法所说的尾重原理(end weight)。换句话说,使用 DVC,使原动词的意义由事件名词表示,事件名词在句中成为信息焦点(information focus)。

尾重原理对句法的影响表现为,在实际交往中,应避免单个不及物动词做谓语。换句话说,从句的谓语在结构上应尽可能长,语法结构要比主语复杂(Leech,1978:168),这一语法现象的出现,可能与韵律有关。Jackendoff(2010:119)指出"语调词组"(Intonational Phrases,简称 IntPs)应视为音位单位(phonological unit),IntPs 一方面制约分音节(syllabification)、重音和语调的范围,另一方面它与句法有一种松散的联系(Gee and Grosjean,1983;Selkirk,1984;Jackendoff,1987;Hirst,1993;Truckenbrodt,1999)。[①] IntPs 的构成遵循以下规则:

ⅰ. 话语(utterance)由一系列单个或多个联结在一起的有声结构(flat

① 转引自 Jackendoff(2010:119)。

structure)的 IntPs 构成。每个 IntPs 都是词语序列。

ⅱ. IntPs 最好长度相等。

ⅲ. 最长的 IntPs 最好位于尾部。

ⅳ. IntPs 的最大音长(maximum duration)可能存在某些较强的偏向性。例如,尽可能不要超过 3 秒钟。

Jackendoff 的第三条规则“最长的 IntPs 最好位于尾部”从音系学的角度揭示了句尾重心的形成原因。据统计,专业作者写的句子,平均句长为 20 个词,而受过教育的人写的句子,平均句长为 25 个词,总的来说,英语句子比汉语长得多(连淑能,1993:64)。以上论述说明了一个事实,即英语句子的谓语在正常情况下比主语要长,这才符合西方人的心理。换言之,用英语造句要避免头重脚轻,徐盛桓(1991:16)把这一语用策略概括为“重心后移整合原则”。该策略说明,如果主语过长,则应把谓语较短的句子进行移动,使句子匀称。句尾重心策略不仅影响人们对 DVC 的选择,也影响其他结构如 COC 的使用。比如 to die cruelly 听起来就没有 to die a cruel death 自然(刘绍隆,1983:5)。

汉语使用 DVC 的动因,同样也包括聚焦对语义影响的因素。鲁川(2001:256－257)认为汉语“加以、予以、给以、进行”在功能上为焦点标记。例如:

**④他的住房问题我们应该加以解决。**

话题“他的住房问题”(受事)本应在动词“解决”的后面,使用“加以”之后,它被移至句首,成为句子的话题,并得以强调。对于聚焦对汉语 DVC 语义的影响,其他学者也曾探讨过,如周刚(1995:284)、刁晏斌(2004a:27)、张高远(2008:197)等。他们之中有的在措辞上没有采用“聚焦策略”,但实质上所指是一致的。

## 四、语篇层面

在语篇层面,DVC 使用了动词的名词化形式。名词的指称性使它能够在语篇中起到一定的语篇衔接作用。朱永生(1995:7)指出,主位推进模式有四种,其中包括“延续型”和“述位同一型”。笔者将朱先生的原图略做简化,见图 5.1。

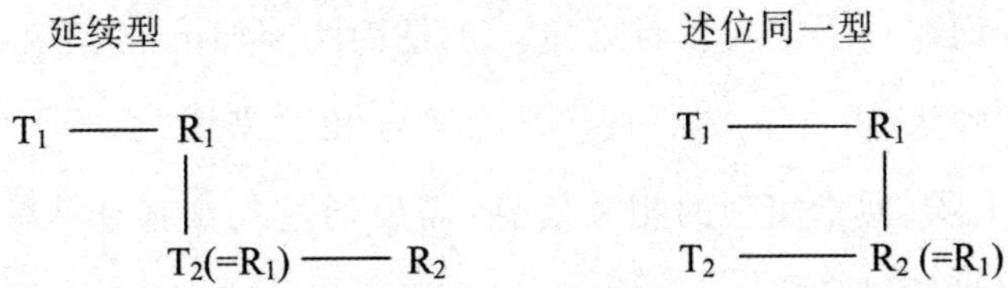


**图 5.1　主位推进模式**

延续型,也称作梯型,表示前一句的述位($R_1$)或述位的一部分($R_1$),做后一句的主位;述位同一型,也称作集中型,表示句子的主位不同,述位相同。DVC 里的 Vn 当表示行为结果时,在以上两种主位推进模式中常常能见到。例如:

①a. Toward midnight, Mr. Yao thought he heard his wife **utter a scream** in her sleep, followed by a stirring in the room.

时将半夜,姚先生觉得听见太太在睡梦中惊呼一声,然后屋里有骚动声。

上例包含一个由非限定动词 followed 引导的非限制性定语,修饰前面的 Vn“scream”。根据语境,该定语可以扩展为非限制性定语从句 which was followed by… 。句中的 utter a scream 是 DVC,其意义相当于 scream,utter 是虚化动词,被省略的 which 是主位,它回指(anaphora)在主句宾语从句里述位的一部分“scream”,即先行语(antecedent),从而起到语篇衔接作用。如果把例①a 改为,

①b. ? Toward midnight, Mr. Yao thought he heard his wife **scream** in her sleep, followed by a stirring in the room.

非限定动词 followed 依旧引导一个非限制性定语,修饰前面的复合句。从句谓语 heard 的宾语补足语是不带 to 的不定式 scream,具有较强的陈述性,该动作的发出者是施事宾语(agentive object) his wife。即使补出被省略的 which was,但由于宾语补足语 scream 是省略 to 的动词,它也表示陈述功能。由 followed 引导的小句,如果变成非限制性定语从句,那么关系代词 which 的先行词在句子中会较难确定。正是因为 scream 的语义指向相对模糊,无法回指确认 which 的先行词。从心理学角度来说,由于"可及性"(accessibility)①太弱,回指实现的相关信息,需要通过句法操作来表征,在大脑中无法实现"扩散激活"。

以上例子是 DVC 在延续型主位推进模式里的表征。DVC 在语篇里还可以通过词汇重复的手段实现语篇衔接,这时 DVC 往往出现在述位同一型模式中。例如:

②"... **I had an awful dream** of Mulan calling to me from a great distance in some valley. I shivered so and woke up. I am so happy it is only a **dream**." And she stared at Mulan and looked about at her other children.

"It is only a **dream**," he said. "Go on to sleep again."

"……我梦见木兰在老远的一个山谷里叫我。我一打哆嗦,就惊醒了。还好,幸而只是个梦。"于是看了看木兰,又向身边儿看了看别的孩子。

姚大爷说:"只是个梦。睡吧。"

上例中的三个 dream 都是事件名词,在句中充当事件宾语,它们是处于不同位置述位的一部分。作家通过重复述位的一部分"dream",来描写处在

① 可及性,通常指人们在说话时,从大脑记忆系统中提取某一语言信息或记忆单位的难易程度。代表性学者是 Ariel(1988)。转引自许余龙(2004:81)。

乱世的姚大爷一家的生活情境。第一个述位 dream 位于 DVC 的宾语位置，另外两个 dream 都属于词汇重复，用在"it is…"句型里，如此前后呼应，从而起到语篇的衔接与连贯作用，故事的生动性跃然纸上。

另外，语体风格因素也会影响到 DVC 的使用。这一点，袁杰和夏允贻(1984)、张高远(2008)等学者都有阐释，兹不赘述。

语篇因素对汉语选用 DVC 也有影响。周刚(1995:282)指出，汉语虚化动词可以使句子连贯，具有划分句群的标记作用，例如：

**③近一两年内，通过不同渠道运进了一些黄色、下流、淫秽、丑恶的照片，影片，书刊等，败坏我们社会的风气，腐蚀我们的一些青年和干部(a)。如果听任这种瘟疫传布，将诱使许多意志不坚定的人道德败坏，精神堕落(b)。各级组织都要严肃地注意这个问题，采取坚决有效的措施，予以查禁、销毁，坚决不允许继续流入(c)。**

周刚认为，例③中"各级组织都要……予以查禁、销毁"含有一个省略了受事的 DVC，但从该受事(a)中可以找到，即"黄色、下流、淫秽、丑恶的照片，影片，书刊等"。从主位推进模式的角度看，受事成分在(a)中是述位，在(c)句里，虽然被隐去(承前省略)，但它仍是述位的一个部分。因此，它属于述位同一型。

## 第二节 英汉虚化动词结构的语法隐喻分析

本书在绪论部分提到了部分学者，如仇伟(2010)等，以认知语言学或构式语法为理论基础探讨了英语 DVC 的功能问题。这一节将从语法隐喻视角讨论英汉 DVC 的异同。

## 一、既往学者的观点

本书在绪论中曾提到,Goldberg(1995:141 - 151)探讨了英语双及物构式,其中涉及 give 的双宾结构,如 Mary gave Joe a kiss,Goldberg 认为这类构式存在系统隐喻(systematic metaphor)。这似乎可以理解为,类似 give 构成的 DVC 的形成机制是一种认知隐喻。Langacker(2004:23 - 24)(Vol. Ⅱ)认为,DVC 的事件名词通过完整体动词的勾勒(profile)表达名物化过程,如 give out a shout、take a walk、do an imitation、have an argument。这是一种序列勾勒,所采取的是总体扫描(summary scanning),总体扫描的整体性比动词要强(陆丙甫,2012:4)。同理,汉语 DVC 也一样。张高远(2008:207 - 209)认为汉语虚化动词"进行"构成的 DVC 和英语 DVC 的认知机制相同。例如 DVC"我军对敌人阵地进行了轰炸"和 SVC"我军轰炸了敌人阵地"。虽然这两句语义基本相同,但是语言形式不同,分别采用了 DVC、SVC 两种句法格式,它们呈现的是对同一情景而产生的两个不同"意象"(image),"进行"句采取的是总体扫描,简单动词句采取的是顺序扫描。如果从认知域(domain)范畴考察,SVC 里的动词属于时间域(domain of time ),这个动词进入 DVC 里则成为时间宾语,转入空间域(domain of space),跨域的实现呈现了一种物化过程(reification)(Talmy,2000:43 - 45)。

概括起来,英汉 DVC 的事件名词经历了动词的名物化,这是序列勾勒,采取了总体扫描的认知模式。

上面提到 Goldberg(1995:141 - 151)的构式语法研究,英语 give 形成的 DVC 的认知机制存在着系统隐喻,这种隐喻无论从传统修辞学,还是从认知语言学来看,都属于隐喻。传统隐喻的基础是表达式的字面义和辞格义之间在概念上的"相似点"或"比较"(Ungerer,2001:115)。把英语 DVC 看作隐喻的还有王寅(2011 上卷:210 - 211)。王寅认为,类似 Tom gave him some relief(该句相当于 He was relieved to some extent)之类的句子是一种隐喻性连接(metaphorical extension links),原句中所用的含有具体性特征的直接宾语 food 被隐喻为抽象概念 relief,这是一种双宾构式(double object construction)[①]。但是张敏(1998:133 附注 14)认为,认知语言学家所用的"隐喻"一词,时常涵盖了隐喻和转喻两个概念,有关隐喻的规律一般也适用于转喻,当隐喻和转喻并举时,这个词便属于"析言"的用法了。从张著的论述中可以看出,英语某些 DVC 的形成模式,如双宾构式为隐喻,广义而言并非错误,但却不够精确。事实上,国外学者近来也认为英语 DVC 的形成模式是转喻(metonymy)。Traugott(1999:254)认为,在中古英语时期,英语 DVC 的形成就采用了转喻的认知模式。这种转喻或许与"被个体化"(individualized)的 NP 相联系,特别是那些能够与不定冠词、形容词和数量语(quantifier)搭配,使名词性词变得特殊的名词性词语。例如 have so great a comfort as they have。转喻允许名词性词语概念化为"单一的完整事件"。转喻不仅是古英语 DVC 的形成机制,也是现代英语 DVC 的形成机制。Langacker 说:

> 以 have a drink 为例,它至少体现出动词、名词有着不同的勾勒模式,由动词派生的名词可以视为发生勾勒移变(profile shift)(属于转喻的一种基本形式),勾勒从一个过程(通过时间表现出来的关系)移变至一个事物,整体上该事物被视为一个实体,由过程的一个场景组成。[Metonymy is a very general phenomenon, so it has an important role regardless of how one analyzes this particular construction. In English expressions like "have a drink", there is a metonymic relationship at least in that the verb and the noun based on it have different profiles, so that derivation of the noun from the verb can be thought

---

① 英文术语,见王寅(2011 下卷:520)。

of as profile shift (one basic form of metonymy). The profile shifts from a process (a relationship unfolding through time) to a thing, which consists of an instance of that process viewed holistically as a single entity.]

还有一点需注意,转喻问题与名词/动词成分的隶属问题应区分开。但是也有学者持不同的观点,如束定芳教授认为,英语 DVC 结构不是认知意义上的隐喻,而属于系统功能语法的语法隐喻(grammatical metaphor)。仇伟(2006;2014)认为英语 DVC 中的事件名词带有名词化隐喻特征,具体来说,这种事件名词经历了从图式到参与者的隐喻化构建过程。语法隐喻是我国学者对 grammatical metaphor 的译名,王宗炎(2003:231)将其翻译成"语法改说"。我们可以理解为,把一种语法结构换一种方式来表征。不过张德禄(2003:238)认为考虑到术语的一致性,grammatical metaphor 才被译作"语法隐喻"。同时,张先生认为"改说"是换一种说法,而 grammatical metaphor 不仅是换一种说法,更有意义和效应上的区别。

## 二、本书的观点

英语 DVC 究竟是否属于认知概念的隐喻呢?笔者认为,除了需要自己做出判断之外,也要分析和借鉴多数学者的观点及依据。Traugott(1999)和 Langacker 都认为英语中的 DVC 是一种认知转喻。而 Goldberg(1995)和王寅(2011)认为此类结构存在隐喻性连接。笔者认为,DVC 被看作隐喻,从早期学者对认知视域下的认知研究来看,"隐喻"一词时常涵盖了隐喻和转喻两个概念(见上引张敏的论述),因此,把 DVC 称作隐喻,虽无不可,但仍然太过笼统。早期认知语言学家如 Lakoff(1987)、Ungerer(2001/2006)所讨论的隐喻都没有涵盖英语 DVC。隐喻是跨域的映射,以认知语义学见长的 Talmy(2000)也只是从认知域、名物化、物化角度讨论了英语 DVC,而在其专著里没有明确指出 DVC 是否属于认知隐喻或转喻，Talmy 的处理表明他对此问题的慎重态度。束定芳教授指出，英语 DVC 不是认知上的概念隐喻[①]，而是一种语法隐喻[②]。笔者认为，与 Talmy 一样，束定芳对英语 DVC 的认知机制问题的判定也是十分慎重的。张高远（2008:34）认为转喻是名化运作的认知机制，笔者同意此观点。这大概也是 Traugott（1999）、Langacker 等学者把英语 DVC 视为一种转喻而非隐喻的原因。某些语言学家之所以把 DVC 也看作隐喻，原因大概如王德春（2011:302）所言："近年来，认知语言学者十分重视对隐喻的研究，但往往过分夸大隐喻的作用，反而影响读者对隐喻本质的正确认识。"因此，笔者认为，从认知的视角来看，把英语 DVC 看作一种转喻较为妥当，鉴于已有不少文献论证，本节不再赘述。但从系统功能语法的角度来看，英语 DVC 可以被视作一种语法隐喻，这里略做些阐释。

朱永生（2001）认为语法隐喻之所以听起来相当怪异，而且不易为人们所接受，根本原因可能在于隐喻已被公认为是一种语义现象。隐喻现象并不仅限于词汇层面，而且常常发生在语法层面，此即语法隐喻。按照戴炜华（2007:377）的解释，就隐喻而言，功能语法认为一个概念的表达分为一致式和隐喻式，前者指措辞表达与事态状况的性质一致，后者指措辞表达与事态状况不一致。

仇伟（2006:2）认为，概念功能指"如何把笔者的经验现象构建为意义

---

① 认知的概念隐喻（conceptual metaphor），属于词汇隐喻（陈新仁，2014:33）。下文功能语法所谈的概念隐喻（ideational metaphor）、跨词汇语法（lexicogrammar），是与一致式相对的语言形式（Halliday，2004:343－353）。

② 语法隐喻由 Halliday（1985/1994）首次提出，也时常被翻译成"意念隐喻"，以和认知语法的"概念隐喻"相区分（陈新仁，2014:34）。从不同角度讨论语法隐喻的学者很多，如 Halliday（1985/1994）、朱永生（2001）、胡壮麟（1996;2005）、丛迎旭（2013）、陈新仁（2014）等。由于对什么是"一致式"，什么是"非一致式"的界定缺少操作性强的标准，人们对 Halliday 的"语法隐喻"的争议也不少，如朱永生（2001:134－137）、范文芳（2007:13）。Halliday（1994:348）认为在"一致式"和"非一致式"之间很难划一条清晰的界限。这属于另外一个问题，限于篇幅，本节不再赘述。

的范畴和关系”(Halliday and Matthiessen,1999:48),经验意义分为基本层级、图式层级和复合层级,以上层级的经验意义体现为不同的结构成分,而不同类别的过程、参与者、环境、关系项在词汇语法层体现为不同的语法范畴,当语法范畴发生“级转移”(rank shift)①到词汇语法以外的其他层上,概念语法隐喻即形成。概括起来,发生在语法层次上并与词汇隐喻(lexical metaphor)一同构成隐喻的现象叫作“语法隐喻”。词汇隐喻倾向于自下而上,语法隐喻是自上而下(Halliday,1994:340-342)。Halliday 认为,语法隐喻还包含两种类型:语气隐喻(包括情态)和及物性隐喻。根据 Halliday 的语义功能,这两个概念分属于人际隐喻(interpersonal metaphor)和概念隐喻(ideational metaphor)。识别概念隐喻的主要方式之一是“名物化”(nominalization)②,即使用名词(词组)的形式来表达一个过程意义(黄国文,2008:xxvi)。例如:

**①These ideas have been subject to widespread criticism.**

**②Many people have criticized these ideas.**

从例①、②可以看出,例①包含动词的名物化 criticism,它蕴含一个语结名词(nexus substantive),此时措辞表达与事态状况不一致,是隐喻性(metaphorical)表达,而例②措辞表达与事态状况的性质一致,是一致式(congruent)表达。

以上学者对语法隐喻的特征、界定及其与词汇隐喻的异同做了讨论和区分。但是如何识别语法隐喻,仍未很好解决。丛迎旭(2003:57)认为语法隐喻主要涉及两个因素:语法范畴和语义。确定语法隐喻,首先应依据句子成分确定词类,然后观察语义语法的对应关系,特别是性状的一致性,若存在不一致之处,就可以确定为语法隐喻。但是丛文的识别标准可操作性

① 从级转移方面来考察,语法隐喻指所有从高级阶的词汇语法表达形式向低级阶的转移,也可以指从低级阶向高级阶的转移(范文芳,2007:13)。

② 名物化是构造语法隐喻的单一的最强势的资源(Halliday,1994:352)。

不强,给人感觉有些笼统。笔者认为,范文芳(2007)提出的语法隐喻的综合模式假设可以作为判定英汉语法隐喻的方法,这是语义原则,另外,看表达式是否有名词化,这是形式原则。下面,笔者根据这两个原则来讨论英汉DVC语法隐喻的异同。

## 三、英汉虚化动词结构的语法隐喻

### (一)英语虚化动词结构的语法隐喻

根据范文芳(2007)的说法,语法隐喻过程是三种语法域之间的转移:一是词汇语法范畴间的转移;二是语气域间的转移;三是不同级阶间的转移。在词汇语法范畴间的相互转移中,由一致式到隐喻式的转移涉及了“形容词、动词、连词、介词”向“名词”的转移。这就是Halliday(1994)所说的语法隐喻的名物化。[①] 如walk(v.)→walk(n.),transform→transformation。范文芳(2007:14)认为概念语法隐喻指一个词汇语法范畴向另一个词汇语法范畴的转义使用。这也帮助我们理解为什么一些认知语法学家把英语DVC视为转喻(见上文)。[②] 语法隐喻具有双重语义特征,而一致式中只有一种语义特征,这是因为隐喻选择本身也是一种有意义的选择,从而增加了一种语义特征,这样隐喻体现为语义复合体。笔者发现,在判定英语DVC的语法隐喻性问题时,经常发生两种语法域的转移:词汇语法范畴间的转移和不同级阶间的转移。为此,笔者提出两条原则以判定英语DVC的语法隐喻:

① 限于篇幅,这里仅举与DVC有关的语法范畴转移例证。

② Halliday(1985:32;1994:342)认为,那些包含名物化的结构,如Protests were received in large quantities,蕴含修辞转移(rhetorical transference),其中存在一较强的语法成分。从认知视角来看,这也是转喻。

(1)语法隐喻具有双重语义特征;(2)句法体现形式有名物化[①]。对于原则(1),如果一种体现形式只有一种语义特征,那就是一致式,如果它具有双重语义特征,那就是隐喻式。有一点需要说明,范文中判定语法隐喻的"语义特征",是基于系统功能语法的相关范畴,与词汇语义学(lexical semantics)理论或传统语义学所说的语义特征不同。下面,笔者通过例证来说明如何利用以上原则判定一个体现形式是否属于语法隐喻。

**①a. He has a bath every day.**

**b. He bathes every day.**

**②a. They take a rest every morning.**

**b. They rest every morning.**

在例①a、②a 中,原本由动词 bathe、rest 体现的过程分别被隐喻化为①a、②a 中的名词词组。胡壮麟(1989:83;2005:86)指出,动词和事件名词一起表示"范围"(range)。对含有这些短语的小句,不能用"What does X do to Y?"格式提问。譬如,不能说 *"What does X do to a bath?",也不能以" * What she does to a bath is have it. "来回答。利用语法隐喻的双重语义特征,可以对例①a 的隐喻性做出解释。以例①a 为例,bath(n.)具有双重语义特征:它既体现物质过程,同时又具有范围功能(Halliday,1994:147),它又是将物质过程隐喻化为范围的结果,该句中的 bath 是动词 bathe 的名物化,因此满足上述形式和语义原则。而例①b 的 bathes 只表示物质过程,仅具有一种语义特征,该句没有名物化词,不符合前面提到的两个原则,因此,具有非隐喻性特征。同理,例②a 具有隐喻性特征,例②b 具有非隐喻性特征。

---

① 或许有人认为,名物化一条原则便足以判定语法隐喻现象。对此,我们不赞同的主要原因是,名物化太过宽泛,又有程度之分,而且存在不少争议,如朱德熙(1980)不承认汉语动词、形容词名物化。依据张今(1981:150-152)的说法,某些抽象名词不构成语结(nexus),这类词完全转变为一个实体,如 taste(尝)→taste(欣赏力;趣味),bath(洗澡)→bath(浴室)等。因此,纯粹靠名物化判定语法隐喻,操作性不够强。

## (二)汉语虚动结构的语法隐喻

与英语一样,汉语中也存在语法隐喻。依据 Halliday(1999:314)的观点,现代汉语中专业性话语和其他正式变体(formal variety)中语法隐喻的范围大概和英语里的情况相同。若就意义结构的效果而言,由名词化形式产生的语法隐喻所导致的句法复杂性和歧义,在数量上汉语或许会比英语更多,但是在总体上就专业性话语而言,英汉语在语义构建上差异很小。汉语 DVC,如"加以处理""给予考虑"等也存在语法隐喻。那么怎么理解汉语 DVC 的隐喻性呢?以"加以""予以""给予"等词构成的结构为例:

**①a. 对……加以处罚**

**b. 处罚……**

**②a. ……予以罚款、拘留**

**b. 拘留……**

**③a. 给予……奖励**

**b. 奖励……**

例①a、②a 分别包含一个名动词"处罚、罚款/拘留"(朱德熙,1985),可以认为是广义的名物化。汉语中名物化形式催生的语法隐喻蕴含着把过程和性质转换为事物的范围(Halliday,1999:314)。上例的虚化动词"加以""予以"都发生了语法化(见本书第六章),表示"施加"(周刚,1995)或"处置义"(刁晏斌,2004)。例①、②中的 a、b 语义相同,可以认为 a 是非一致式,b 是一致式。汉语主宾语位置上的动词具有指称性已是公认的事实(张伯江,2014:298)。这里的"处罚""罚款、拘留"由物质过程隐喻化为一个范围,因此,这里的事件名词具有双重语义特征"过程/范围",形式上包括名物化词,符合上述两个原则,因此可以说例①a、②a 都存在语法隐喻。与之比较，例①b、②b只表示物质过程，只具有一种语义特征，例中没有名物化词，因此，它们是一致式，具有非隐喻性特征。再看例③，从迎旭认为，例③a中“奖励”是参与者，做宾语。对此，笔者同意丛博士的观点，该例中“奖励”的指称性或名词性比“处罚、罚款、拘留”似略强一点，“给予”的虚化度比“加以、予以”要略低。如果这一结论成立，那么，典型英语DVC中语法隐喻的语义特征类型基本上限于“过程/范围”，而汉语的语法隐喻的语义特征类型有两个类型：“过程/范围”“过程/参与者”。[①]

## 小　结

本章从句法、语义、语篇层面分析了语言使用者选择DVC的动因，主要是DVC具有SVC不曾有的若干属性。从编码类型上看，英汉DVC都是不经济的。克罗夫特(2009)认为，语言的象似性动因和经济性动因往往同时存在，相互竞争。笔者认为DVC的编码至少有两种象似性动因或理据：独立象似性动因和复杂象似性动因(张爱朴，2015)。独立象似性伴随着事件名词宾语的非范畴化(Haimann，1983)。这一现象也许可以解释为什么不是任何SVC都能转换成DVC。本章研究还表明，若从句法角度考虑，选用DVC是为了适应结构的要求；语义对英语DVC的影响高于汉语，语用聚焦对英汉DVC的选用都有影响；从语篇上来讲，选用DVC，英汉都为达成语篇衔接之效，其中汉语选用DVC还为了划分句群。从语法隐喻视角考察英汉DVC，笔者发现英汉DVC都存在语法隐喻现象，但在语法隐喻的双重语义特征上，英语的类型要比汉语少。[②] 至于语法隐喻度是否存在，如果存在又

① 本节只是概略地对英汉DVC的语法隐喻做对比，至于英汉DVC里的事件名词所表示的及物性及其过程类型问题，由于问题比较复杂，将另文讨论，特此说明。

② 根据本书设定的总体研究对象和目标，本章我们没有考虑英语非典型DVC的语法隐喻性。

是什么,需要做进一步研究。另外,从认知角度看英语 DVC 发生语义转移,可以被认为是一种认知转喻,但汉语的形式动词结构是否也如此,规律似乎并不明显。

# 第六章　英汉虚化动词结构的时体比较

前面提到,英汉 DVC 指虚化动词与表示动作、活动或行为的事件名词形成的动宾结构,DVC 表示某种述谓意义。英语 DVC 可以出现在简单句里,也可能出现在复杂句中。英语动词既有限定式,也有非限定式,汉语只有非限定式,但有一点是肯定的,两种结构都表示述谓意义。如 She stretched her arms out and gave a great yawn,"有人在学术问题上求教,他尽全力予以启发"。以上两句分属英汉 DVC 句。这两例各自包含一个虚化动词和一个事件名词,其中英语的虚化动词是 gave,事件名词是 yawn,汉语虚化动词是"予以",事件名词是"启发"[①]。Mathesius (2008:105)把上述虚化动词视作"连系动词"(copula),它们可以表示"时、体、数"等语法意义。从认知功能的视角来看,它们可以归入高层谓词。所谓高层谓词指与一般行为动词相关的词,其句法层次和句法地位高于或不低于一般动词,如 want 类动词、时体助动词、否定助动词和系动词(金立鑫、于秀金,2012:27)。OV、VO 型[②]语言的高层谓词都承担表示时体范畴的功能,尽管它们的相对位置会有所不同。张伯江等(2014:298 - 299)的研究显示,汉语 DVC 中的动宾,如"进行调查、做研究"中的"调查、研究"都不能再加时体成分,根据前述对高层谓词的说明,英语的事件宾语(即动词宾语)也不能再带有时体标记。从认知语言学视角来看,处于宾语位置上的表示动作的名词,已丧失典型动词的功能,发生了去范畴化。英语的虚化动词还具有助动词(auxiliary)

---

① 类似"启发"一类的词,朱德熙(2003:60)称之为"名动词",这类词已丧失动词的一些语法属性,如不能带时体标记(张伯江、方梅,2014:298 - 299)。考虑到本文行文的统一性,本文把位于虚化动词后宾语位置上的词,统称作"事件名词"。英语事件名词,源自 Quirk 等学者(1985)的"事件宾语",汉语事件名词,源自陆丙甫(2012)的相关论述。

② OV、VO 表示语言的不同语序类型。OV 表示动词置宾语后,VO 表示动词置宾语前。

的功能(Bussmann,2000:178)。但是,英语虚化动词带时体标记似不受限制(Stein,1991)[①],而汉语虚化动词,仅个别词如“给予、进行”可以带时体标记,其他虚化动词都不能带时体标记,如表“处置义”的“加以、予以”(周刚,1995;俞士汶,1998)。依据 Trask(1993:160 - 161)的观点,英语 DVC 和 SVC 在时体上也有细微差异,这种细微差异体现在哪些方面,该文献没有指出来。汉语 DVC 与 SVC 在时体上是否也有类似差异?这些问题仍然需要探讨。本章基于对英汉 DVC 时体特征的描述,将探讨英汉 DVC 总体时体特征之间的异同,寻找影响时体特征的因素,譬如是事件名词的行为类型,还是虚化动词本身,是 DVC 的时相结构,还是以上要素共同作用的结果。本章将使用语言类型学的时体理论及对比语言学理论对以上问题进行探讨。

## 第一节　时体的理论假设

### 一、时范畴

时(tense)和体(aspect)本质上表达的是同一种概念范畴,在传统语法中也被译成“时态”,多由形态标记体现,用以表达与说话时间有关的事件时间,一般区分为现在时、过去时和将来时,这是基于 Reichenbach (1947)的时体理论而得出的结论(金立鑫,2008b:433;2009:322)。现代语言学吸收时态逻辑(tense logic)[②]发展了时体理论。Reichenbach 指出,参照时间(R)决定了时的先后,也决定了体的类型。R 相对于说话时间(S)有三个位置,即 R < S、R = S、R > S,它们分别表示过去时、现在时和将来时(金立鑫,

① 这里所说的“不受限制”,指英语 DVC 句可以带时体标记,至于带什么类型的时体标记,仍然受到限制,因此,不受限制是相对的。

② 时态逻辑,包含时间常项的推理,也称时间逻辑。此外,它还有其他名称,这些名称实际上异名同实。如“时序逻辑、时间逻辑、变化逻辑”指称同一概念(刘凤璞等,1991:814)。

2008b:433)。从语言类型学看,这是三分时,属于时划分的一类。有的语言只区分二分时,即着眼过去→过去/非过去,着眼将来→将来/非将来。需要说明的是,语法范畴“时”所表达的是“过去”“现在”或“将来”的模糊时间点,而非事件实际发生在时间轴上的精确时间点,若要在时间轴上表达事件发生的精确时间则需要借助表达时间的语词来实现(金立鑫,2011:225),这说明动词的时范畴与时间不确定的命题的关系更加密切。当区分语义概念“时间”和语法范畴“时”时,现代语言学认为英语有“时”范畴,并通过形态手段来表示,汉语无“时”范畴,但是汉语有表达时间概念的手段,一般通过词汇手段来表示。概括起来,时范畴与动词有关,关注事件的外部时间。

## 二、体范畴

体(aspect),本质上是一种语义范畴(Comrie,1976:6)或概念范畴(金立鑫,2008b:433;2009:322)。在语言类型学里,体是一个常见的语法范畴,体范畴源自斯拉夫(Slavic)语言学家。如何界定语法范畴“体”,语言学界对它的定义不尽相同。王菊泉认为,现在谈时体的文章不少,但其中大部分对有关概念的交代不够清楚,影响读者的理解。下面,笔者将选择代表性的论述加以概述。“体范畴是观察一个情状的内部时间结构的不同方式。”(Comrie,1976:3)体是在句子层面上表现出来的事件的时间类型(金立鑫,2008c:7)。词典学家对体也做了释义:体指动词义或句子义的内在时间结构(Bussmann,2000:39),或指区分与特定时段有关的事件状态的动词范畴,而非处在现在、过去或将来时间的单纯时间位置(Matthews,2006:33)。概括起来,体与动作、行为、事件有关,用以帮助人们观察或描写情状的内部时间。根据 Reichenbach(1947)的时体理论,事件的时间(E)相对于 R 有不同的位置,即 E < R、E = R、R < E,这样的关系对应于动词不同的体。与时的

类型相比，体的类型要复杂得多，因此，对体的研究比对时的研究要复杂得多（金立鑫，2008b：434；2009：330）。与体相关的另一个问题是，体的类型究竟有多少种？至今学者的意见也未统一。张伯江（2013：35）指出，汉语至少可以分出 9 种体，包括完成体（perfective）、非完成体（imperfective）、已然体（perfect）、瞬时体（punctual）等。基于 Reichenbach （1947）的时体理论，金立鑫（2008b）认为，逻辑上语言的体可以有 29 种。于秀金（2013）从语言类型学视角对语言的体理论也做了详尽阐释，认为语言的体可以分出 14 种（限于篇幅，兹不列出）。金立鑫（2009：329）从语言类型学上将体分为事件界限体（又称空间视点体，以下简称界限体）和时间进程体（以下简称进程体），前者以希腊语、德语和一些斯拉夫语等为代表，后者以英汉语为代表。采用界限体的语言，用完成体和非完成体；采用进程体的语言，句子的体特征，需要借助与动词共现的论元名词短语（argument noun phrase）、状语、助动词、时间词等才能确定。进程体中最常见的有进行体（progressive）和完成体，也称作时间视点体。概括起来，英汉类语言倾向采用进程体，区分完成和未完成（imperfect）。限于篇幅，本节不对时体理论做全面评述。有一点是肯定的，即英语和汉语都有各自的体范畴，这成为本节对比的基础。

## 第二节　英汉 DVC 的时体

### 一、英语 DVC 的时体

关于英语 DVC 的时体研究，根据现有文献，笔者发现此类研究尚不充分。Stein（1991：11）认为，take、have、give 用于现在时的比例较低，而用于过去时的比例较高。其他学者的研究主要涉及 DVC 的情状体（下文将讨论），较少涉及时范畴，比如 Wierzbicka（1982）、黄和斌和戴秀华（2007）、Hiroe（2006）、于善志（2008）、丁一（2013）等，这些学者大都以英语语料为研究对象，不涉及其他语言，他们的研究也未涉及英汉 DVC 时体的对比研究。张高远、朱炜（2009）的研究虽然是英汉 DVC 的对比，但是对时体的研究基本没有。本节基于 Wierzbicka（1982）、Hiroe（2006）、于善志（2008）和丁一（2013）的论述，从时相结构、情状类型的角度，对英语 DVC 的时体进行探讨。

## （一）时相结构

时相结构（phase structure），体现了句子纯命题意义的内在时间特征。时相主要由动词的词汇意义决定，其他句子成分的词汇意义也起着重要的选择和制约作用（王维贤，1992：291）。句子的时相结构影响人们对情状类型的判定。根据 Hiroe（2006）、Dixon（1991：354；2005：476）对英语 DVC 的研究，笔者把英语 DVC 的时相结构分成以下四类：

1. sleep 类 DVC

这类 DVC 通常无默认终点，即具有无界性（atelic），但有延续性（持续状态），或者说有中间过程。DVC 由如下代表性事件名词构成：contribution、imitation、rest、sleep，它们与虚化动词组成 DVC 时需要带不定冠词。句法上可以带时段状语，但是不能带框架状语。例如：

**①John had a sleep for / * in an hour.**

**②John did an imitation of an American accent for / * in a minute.**

sleep 类 DVC 数量比较大。Wierzbicka（1982）、Dixon（1991：354；2005：476）指出，有一类 DVC 具有潜在的“连续性”语义特征，但无明确的终点，语义上表示移动等。代表性事件名词有：carry、drink、jog、run、swim、walk 等。句法上不能带蕴含有界性的附加性成分，该类成分不是框架状语，而是目标状语或其他有界性成分。例如：

③**John had a swim in / * across the river.**

④**I had a walk in / * to the park.**

⑤**John had a drink of water / * a glass of water.**

此外，还有一类 DVC 也有着同样的时相结构，代表性事件名词有：help、shelter、trouble、praise 等，它们与虚化动词组成 DVC 时不能加冠词。这类事件名词成了光杆名词（Hiroe，2006：10）。例如：

⑥**John gave help in washing the plates for/ in three minutes.**

⑦**John took shelter from the rain under the tree for/ * in ten minutes.**

2. dance 类 DVC

这类 DVC 在时相结构上是否有终点，需要依靠其他句法成分判断，这说明 DVC 本身并不表现出有界（telic）或无界的特征，但它有持续性。代表性事件名词有：dance、lecture、breath。在句法上可以带时段状语或框架状语。例如：

⑧**John did a dance for / in ten minutes.**

⑨**John took a deep breath for /in three seconds.**

3. roll 类 DVC

这类 DVC 无持续状态，但有终点。句法上不能带时段状语，但是能带框架状语。例如：

⑩**Mary did a forward roll * for / in three seconds.**

4. kick 类 DVC

这类 DVC 无持续状态，也无终点。代表性事件名词有：cough、jump、kick、lash。在句法上，既不能带时段状语，也不能带框架状语。例如：

⑪**John gave a cough * for/ * in five minutes.**

⑫**John made a jump over the puddle * for/ * in a minute.**

⑬**Mary gave John a kick * for/ * in a minute.**

概括起来,英语 DVC 所涉及的时相结构至少可以分出四种。从笔者绘制的简表(见表6.1)中会看得更明白。表中 IDF,笔者模仿郭锐(1993)、金立鑫(2008c)的设置,其分别表示起点、续段和终点。

**表6.1　英语 DVC 的时相分布**

| I D F | 例词 | 举例 | 外部参考项 |
|---|---|---|---|
| − + +/− | dance/lecture/breath | do a dance, give a lecture | 时段/框架状语 |
| − − + | roll | do a roll | ＊时段/框架状语 |
| − + − | sleep/imitation/help/shelter | have a sleep, do an imitation | 时段/＊框架状语 |
| − − − | cough/ jump/kick | give a cough, make a jump | ＊时段/＊框架状语 |

## (二)情状类型

情状类型(situation type)指基于动词以及相应的体标记、配价成分和补语等成分组成的动词短语所具有的时间语义类型,该类型对应动词短语,这是金立鑫(2008c)提出的关于语言基本单位的三层级系统中的一种,另外两种是“行为类型”和“体”,分别对应动词和句子。蒋严(1998:309)认为动词的情状类型和句子的情状类型是不同的。目前公认的情状类型是万德勒(2002:180)①的四概念类型,即状态(state)、活动(activity)、完结(accomplishment)、达成(achievement),但是陈平(1988)、蒋严和潘海华(1998)、顾阳(2007)都认为,达成类还可以进一步细化,于是形成五概念的情状类型:除了前面提到的四种,还有单动作体(semelfactive)。需要说明一点,单动作

① 万德勒原著出版于1967年,本书参考陈嘉映(2002)英汉对照本。

体类似陈平(1988)的“单变”型,如“死”“爆炸”。依据金立鑫(2008c)对情状的界定,DVC 作为动宾短语,其情状类型自然需要结合虚化动词、事件名词及其他外围成分加以判定。笔者基于蒋严和潘海华(1998)、顾阳(2007)对情状的描述,来鉴别 DVC 的情状,见表 6.2。

**表 6.2　动词的情状类型**

| 特征 | 状态 | 活动 | 完结 | 单动作 | 达成 |
| --- | --- | --- | --- | --- | --- |
| I | − | + | + | + | + |
| D | − | + | + | − | − |
| F | − | − | + | − | + |
| 动态性 | − | + | + | + | + |

顾阳(2007:23)认为,状态虽可持续,但无法达到终点,该类情状为持续的非动态体,即无中间过程。依据前文时相结构对英语 DVC 的时相分类的描述,本书得出英语 DVC 的情状类型如下:

ⅰ. sleep 类:这类词的固有语义使其终点较难判定,动作有持续性,因此,属于活动。

ⅱ. dance 类:这类词的情状需要其他句法成分决定,若接续一个时段状语,则表现为无终点,若接框架状语,又表现为有终点。所以,这类 DVC 常有歧义,它们既可用于活动体的情状,又可用于完结体的情状。

ⅲ. roll 类:这类 DVC 无持续状态,但有终点。说它无持续状态,不是说动作完成没有耗时,只是说该类词表示的动作一发生,旋即结束,所以,基本可以认为其起点就是终点,在句法上不能带时段状语,但能带框架状语。因此,其用于达成体的情状。

ⅳ. kick 类:这类 DVC 无持续性,也无终点,但有起点,情状类似单动作。kick 类 DVC 的这一特点不同于 kick 独立做谓语。顾阳(2007)指出,cough(咳嗽)、knock(敲)、sneeze(打喷嚏)原本仅用于单动作体的情状,但它们通过重复,具备表述事态的持续性,从而既可用于单动作体的情状,又可用于活动体的情状,因此,这类动词的体有歧义。但是以上动词在 DVC 里,在 Wierzbicka(1982:791)看来,不定冠词与事件名词的结合体(a + V)的结构义限制了动作或事件的持续性。若用认知语言学予以解释,即不定冠词对事件宾语的压制作用,导致原来的根动词的语法属性发生了变化。kick 类 DVC,句法上既不能带时段状语,也不能带框架状语,有起点,无持续性,无终点,用于单动作体的情状。顾阳(2007:24)认为,单动作体和达成体都隶属单体事件(atomic event),二者区别在于,单动作体可重复,无终点,而达成体,不可重复,但有终点。

概括起来,英语 DVC 的情状类型有五种:状态、活动、完结、达成和单动作。某些 DVC 在情状的使用上具有跨类的特点。英语 DVC 的情状类型与时相类型存在对应关系。

## 二、汉语 DVC 的时体

汉语 DVC,根据语义可以划分成“处置”和“进行”两大类。根据笔者掌握的文献,以下学者的著述都涉及 DVC 的时体问题,如吕叔湘(1980)、蔡文兰(1982)、孟琮(1999)、周刚(1995)、俞士汶(1998)、刁晏斌(2004)等。虽然如此,当某一虚化动词携带体助词时,学者们的意见仍存在分歧。俞士汶(1998)、刁晏斌(2004)认为,“给予”有体标记“了、过”,但是其他学者的论述未予判定。金立鑫(2008c)指出,语法范畴体有别于情状体,前者对应的是句子,后者对应的是动词短语。顾阳(2007)认为,体是将一个事件或状态的空间展示出来,而情状一般是给定的。在汉语里,常将体助词"着、了、过"附在动词后,表示体(胡裕树,1981:329)。笔者把各家关于汉语虚化动词带体助词的用法列出,见表6.3。

**表6.3 带体助词的汉语虚化动词一览表**

| 学者 | 给予 | | 进行 | |
|---|---|---|---|---|
| | 例词 | 举例 | 例词 | 举例 |
| 吕叔湘 | — | — | 了/在 | ~了比较 |
| 蔡文兰 | — | — | 了/过 | ~过修建 |
| 孟琮 | — | — | 着/了/过 | ~过审查 |
| 周刚 | — | — | 着/了/过/在 | ~着支援 |
| 俞士汶 | 了/过 | ~了保护 | 着/了/过 | ~过调查 |
| 刁晏斌 | 了 | ~了处罚 | 着/了/过 | ~着帮助 |

注:汉语DVC虚化动词还有"给以、加以、予以",因各家未对其有具体表述,故表中未有体现。

为了验证表6.3关于不同学者对虚化动词与体助词的搭配是否符合语言事实,笔者检索了国家语委现代汉语语料库,证实了部分学者的观点,即"进行"可以带"着、了、过、在"等体标记。"进行"加"在"表示非完成,是持续体用法。需要说明一点,"进行"与"正、正在"搭配,也表示行为或事件的持续状态,但是"正、正在、在"在语义及用法上还是存在一些差异(吕叔湘,1980:599),然而在表示持续性的作用上,它们具有共性。本书采用"在"来表示虚化动词的持续体用法。上表说明,“进行”构成的 DVC,可以用于持续体(带“着、在”)、已然体(带“了”)、经历体(带“过”)(较远的已然体)。“给予”可以带“了、过”。这说明,“给予”构成的 DVC 可以用于已然体(带“了”)、经历体(带“过”),其余虚化动词都不能带体助词,体类型较少。依据金立鑫(2008c:7)的观点,形式动词通常默认为“未实现”,表示将来将行或将来行,可以分别表示为 S < R < E、S < E = R。它们倾向于选择表示将来的标记词“要、会”等来组合。说明汉语虚化动词构成的 DVC 较少用于“实现”或“完成”,在情态上它们倾向默认未实现,从时间上看,除个别 DVC 以外,多表示将来。

为什么汉语虚化动词有的可以带体助词(即体标记),如“进行”,而多数处置类虚化动词不能带体助词呢?对于这个问题,本书作者认为:处置类虚化动词,除“给予”外,都是“以”字结尾。含“以”的虚化动词“加以、给以、予以”,是介词性语素“以”和单动词复合而成。郭锡良(1998)指出,“以”在甲骨文中是动词,西周以后是个很活跃的虚词,先由动词虚化成介词,再由介词虚化成连词,或构成固定结构,再凝固成词,转化为构词语素。杨锡彭(1992)认为,“以”保留了介词的语义虚化特征,具有词缀的性质,只起到语法作用或音节调节的作用。从郭文、杨文不难看出,由“以”字构成的虚化动词(形式动词),“以”本身已具有词缀的性质,不能再与一个词缀叠加,只能接名词性成分(事件名词)。这也许是“以”类虚化动词不能带体标记“着、了、过”的原因。但是,“给予”不同,它是两个单动词“给、予”的叠加。它能带“了、过”,说明它不受词缀叠加的限制,或者限制很弱。[①] 至于“进行”带体标记,周小兵(1987)、杨锡彭(1992)认为,“进行”与事件名词的关系较松散,虚化度低,是普通动词,不是粘宾动词。本节将基于以上学者的著述,从时相结构、情状类型对汉语 DVC 的时体问题做一探讨。

① 与金立鑫教授通信交流。

## (一)时相结构

参考金立鑫(2008c:6;2017:203)对汉语动词行为类型的分类推导,汉语 DVC 的时相结构大体上可分成两种,见表 6.4。

表 6.4　汉语 DVC 的时相分布

| I D F | 例词 | 举例 | 外部参考项 |
| --- | --- | --- | --- |
| − − − | 加以/给以/予以 | ~照顾 | * 开始、* 起来、* 着、* 在、* 了、* 过 |
| | 给予 | ~保护 | * 开始、* 起来、* 着、* 在、了、过 |
| + + − | 进行 | ~调查 | 开始、* 起来、着、在、了、过 |

上表显示,汉语 DVC 的时相结构,大致分为两类,它们有一个共同点,即在时间上都没有终点。符合"− − −(IDF)"的虚化动词有四个"加以、给以、予以、给予",它们缺乏动作性,在时间轴上很难确定其时间性。"给予"与同类的另外三个虚化动词相比,只是在与体助词的搭配上略有不同,如"给予"能与体助词"了、过"结合,但在国家语委现代汉语语料库、北京语言大学现代汉语语料库中,"给予"与体助词的搭配比例并不高。此外,以上四个虚化动词构成的 DVC 的起点、续段和终点都难以判断。"进行"可以与"开始、在"搭配,有起点、续段,不能与"起来"搭配,说明没有终点。表 6.4 呈现的时相结构分类,除"进行"外,与金立鑫(2008c:6)的分类一致。这种时相结构在分布上的差异,或许在一定程度上说明,"进行"在语义上相对较实在,与另外几个虚化动词相比,它的语法化程度不高,更接近实词,"加以、给以、予以、给予"语义相对虚灵,语法化程度相对较高。刁晏斌(2004:

400）认为，“加以”是彻底虚化的动词，“给予”则比较“实”，或者说是亦虚亦实，但是，这两个词在情状上似没有差异。

### （二）情状类型

从情状类型观察，本节采用上文中英语情状类型的鉴别方法识别汉语DVC的情状类型。

ⅰ．“加以”类：从表6.4观察，该类DVC无起点、续段、终点，除“给予”外，都不能带体助词“着、了、过”，无持续体，也非完成体，在时上只适用于将来。它们所使用的情状体是状态。

ⅱ．“进行”类：该类DVC可以与“开始、在”等词搭配，有起点、续段，但无终点。其使用的情状体是活动。

概括起来，汉语DVC在情状的使用上有两种：状态、活动。汉语的情状类型与时相类型存在一一对应关系。这一结论也说明一个现象，汉语在DVC的情状使用上，没有完结体。[①]

## 三、英汉DVC时体的异同

### （一）时相结构和情状类型

从上文分析来看，英语的时相结构至少可以分出四种，而汉语只有两

① 汉语是否存在“完结”（accomplishment）类动词与表示“完结”的情状（situation）似属于不同层次的问题，但其焦点都与情状类型有关。Tai（1984：294）认为汉语只存在三种与时间有关的动词范畴，即“状态、活动、结果（result）”，依据蒋严和潘海华（1998：309）的观点，汉语中有没有完结类动词是有争议的，而金立鑫（2017：202）认为这个问题可以研究。但邓守信（1985：11）认为，汉语有完结情状类型。这个问题需要专门撰文探讨，此处不做过多评述。

种。英汉 DVC 在语义上并不对应,二者的功能范畴对比参考项自然也有差异。英语的外部参考项主要是"时段、框架"两类状语,汉语的外部参考项是体助词和表示起点、延续等的语词。与汉语比较,英语的时相结构类型更多。造成这种现象的原因有:除"进行"外,多数汉语虚化动词是一种粘宾动词,属于专职虚化动词,也被称作准谓宾动词(朱德熙,2003:60),而英语虚化动词系兼职,它们的语义选择依赖所搭配的论元成分;此外,英语的 DVC 既表示动作概念,又表示事件,而汉语 DVC 语义基本上是表示事件,语义较单一。

情状类型方面,英语 DVC 的情状类型有四种,即活动(sleep 类)、活动/完结(dance 类)、达成(roll 类)和单动作(kick 类),个别 DVC 如 dance 类在情状的使用上具有跨类的特点。汉语 DVC 在情状的使用上有两种:状态(加以、给以、予以、给予)和活动(进行)。英语的情状类型较汉语多。英汉的情状类型都与各自的时相结构类型相对应,表明情状类型是依照时相结构特点划分的。

### (二)现实和非现实

汉语除"进行"外,"加以"类表处置义虚化动词默认为"未实现",它们倾向于选择与表示将来的标记词"要、会"等来组合(金立鑫,2008c:7)。检索国家语委现代汉语语料库和北京语言大学现代汉语语料库后发现,除了"进行"可以和"着、了、过"搭配以外,其他虚化动词与以上体助词搭配比率极低。观察含有 DVC 的例证发现,汉语 DVC 多被用于表示将来将行(S < R < E)的语义,这证实了金立鑫的假设。刁晏斌(2004:78)的统计表明,"给予、予以"在法律文书里的出现频率远高于其他语体,而"法律",按照《现代汉语规范词典》(第 3 版)的解释,指"拥有立法权的国家机关依照一定的立

法程序制定的规范性文件”。这里拣选几条含有 DVC 的条文,并附上英语译文:

**①上述各项投资应在合营企业的合同和章程中加以规定,……(《中华人民共和国中外合资经营企业法》)(庄绎传,1999:323)**

The above-mentioned investments shall be specified in the contract and articles of the equity joint venture…

**②在特殊情况下,根据社会公共利益的需要,对合营企业可以依照法律程序实行征收,并给予相应的补偿。(庄绎传,1999:322)**

Under special circumstances, when public interest requires, equity joint ventures may be requisitioned by following legal procedures and appropriate compensation shall be made.

以上两例分别使用了 DVC“加以规定、给予相应的补偿”,从中可以清楚地看出,条件假设关系隐含于条文中,它们表示潜在的未实现行为,是对中外合资企业双方的约束。这在一定程度上证实,汉语 DVC 倾向默认“未实现”。从语言类型学的角度来看,世界上的语言可分为现实/非实现显赫和不显赫两种类型,现实/非实现是时 - 体 - 情态三个范畴的上位范畴。于秀金(2017:670;2018:9)认为,英语是现实/非实现和体 - 情态均不显赫而时显赫的语言,汉语是现实/非实现显赫而时 - 体 - 情态均不显赫的语言。本章第二节提到,英语 DVC 用于过去时比例较高,说明英语对时比较敏感。上文提到,汉语 DVC 默认为“未实现”。汉语 DVC 句对“时”不敏感,这一点它们与普通动词比较别无二致。概括起来,英汉 DVC 的时体对比在一定程度上验证了于秀金关于英汉语的论断,即英语是现实/非实现和体 - 情态均不显赫而时显赫的语言,汉语是现实/非实现显赫而时 - 体 - 情态均不显赫的语言。

# 小　结

本章从时体、时相结构、情状类型等层面对英汉 DVC 的时体进行了比较,发现如下:

ⅰ. 判断英语 DVC 句的体,主要借助附加语,而汉语的同类句子主要依靠体助词的隐现来判断。

ⅱ. 英语 DVC 的时相结构可分为四种,汉语可分成两种,同汉语比较,英语的时相结构相对复杂,情状类别也多于汉语。

ⅲ. 本章分析了英汉 DVC 在时体上的表现,得出的结论证实了类型语言学者关于英汉语的论断,即英语是现实/非实现和体-情态均不显赫而时显赫的语言,汉语是现实/非实现显赫而时-体-情态均不显赫的语言。

# 第七章　英汉虚化动词结构的语法化词汇化对比

“语法化”(grammaticalization)、“词汇化”(lexicalization)、“虚化”(delexicalization)等名称是语言学界的常用概念,其中“语法化”“词汇化”已经作为词目被部分语言学辞书收录。但是,在语言学词典中很难找到关于“虚化”“非词语化”的解释,一些包含“虚化”的术语倒是可以找到,如“虚化动词”。对于“语法化”的界定,学者给出的定义也不完全相同。Bussmann(2000)给出的定义是:“语法化指语言演变的过程。在这一变化过程中,一个自足的词汇单位逐渐获得有了依存性语法范畴的功能,如拉丁语的habere(有,拥有)>法语的aviour完成时。”胡壮麟(2003:86)认为,语法化指一个词语或若干个词语演变为语法语素的过程,在此过程中,这些词语的配置和功能被改变了。可以看出,以上定义有一个共同特点,即都和词或词汇单位的语义变化有关。卫乃兴(2011:77)认为,非词语化本质上是词语学领域的,虽然存在与句法研究和语法化领域的“虚化”重合的部分,但根本内涵和研究方法并不相同,不能从句法理论的视角用“虚化”的概念来判别非词语化。除了卫文外,多数学者没有讨论语法化与虚化的异同。本章首先厘清以上概念的大致区别,然后重点从语法化及词汇化视角对英汉DVC做一对比。

## 第一节　语法化和词汇化概述

### 一、语法化的界定

对语法化这一概念,做出论述的主要学者代表有Hopper(1991;2005)、

Traugott(1991)、Heine(1991)、沈家煊(1994)、牛保义(2000)、胡壮麟(2003)、江蓝生(2005)等。根据 Hopper(2005:2)的论述,人们一般从两个视角讨论语法化问题:历时视角和共时视角。前者关注语法形式的来源及其典型的演变过程,据此,语法化关注一个词项或结构如何在运用中演变为一个语法标记及其如何进一步发展;后者把语法化基本看成是一种句法和话语的语用现象,也可以说是语言运用过程中自然形成的格式。一般认为,Meillet 最早使用“语法化”这一名称,并将其定义为“一个早期自主的词被赋予语法属性”(the attribution of a grammatical character to a previously autonomous word)(1912)。① 虽然今天学者给出的定义表述不太一样,但是本质上没有大的改变。如 Hopper(2005)认为“语法化”指语言变化研究部分,涉及诸如这样的问题——词项(lexical item)和结构在某些语境中怎样实现语法功能,或者语法项怎样发展出新的语法功能。国内较早研究语法化理论的学者沈家煊(1994)认为,语法化常指语言中意义实在的词转化为无实在意义、表语法功能的成分的一种过程或现象,中国传统的语言学称之为“实词虚化”②。例如,汉语的“被”“把”“从”等原来都是有实在意义的动词,现已虚化为介词。沈文还认为,语法化似乎比实词虚化的范围广。从沈先生的论述中可以看出,语法化与实词虚化有某种联系,但其内涵仍不相同,它们属于不同的概念,前面提到的卫乃兴的观点也基本同此。牛保义(2000)认为,语法化指形成语法的各种因素——主要是语义因素和语用因素——逐渐“化”为语法内容和语法形式的过程和结果,如“在”由动词演变成介词。江蓝生(2005)认为语法化包含两方面的内容,即实词虚化为无实在意义的语法成分的过程,以及短语或词组逐渐凝结成一个单词的过程,分别简称为

① 转引自 Hopper(1991:17)的论述。较早的有关语法化的定义还可见于 Kurylowicz(1965:69)的观点,参见胡壮麟(2003:86)的相关论述。但语法化概念最早是中国在十三世纪提出来的(沈家煊,1994:17)。

② 关于实词虚化的原因及途径,见张爱朴(2015)第七章。

“词汇的虚化”和“短语的词汇化”。江先生的定义把词汇化视作语法化的一个方面。Crystal(2008)认为,当语法形式被用以表示某种语义对立时,就说它语法化了(grammaticalized 或 grammaticized),这个过程常出现在历史语言学里,如动词 go 在句子“It's going to rain”中成为时态标记。以上学者关于语法化的阐释有个共同点:所指都是严格意义上或狭义的语法化。众所周知,语法化在程度上存在强弱之分(Heine, et al, 1991),国内外语言学家在这一点上基本达成共识。如王寅(2005:1)认为当代语法化分为狭义、广义和最广义三个层次:狭义的语法化指词汇层面、语法范畴、语法构造或惯用法等,广义的语法化涉及语篇和语用,最广义包括典型的概念结构、事件结构等。再看一些工具书的界定。Matthews 的 *Concise Dictionary of Linguistics with Chinese Translation* 中是这样定义语法化的:语法化,指特定语言的语法概念区分的表征,如许多语言区分“双数”和“复数”;语法化还指语言史上词汇意义单位演变成语法意义单位的过程,如意大利语实义动词 ho mangiato 'I-have eaten' 经历语法化后成为助动词(ho)。许宝华在其《大辞海·语言学卷》中论述道:语法化系语言历时演变的一种现象,指语言中意义实在的词语或结构式演变为无实在意义、仅表示语法功能的语法成分,或者一个不太虚的语法成分变成更虚的语法成分的过程和结果,主要表现为实词的虚化、虚词的再虚化、某些句法结构的凝固化等。以上两部工具书对语法化的解释的共同点是:词汇意义单位成了语法意义单位。持有这种观点的工具书不占少数,如《语言学百科词典》中所称的语法成分(形态部)为:用以指称语言结构中不具有词汇意义而只具有语法意义(作用)的组成成分,一般包括虚词和作为某种语法性质标记的语素(戚雨村,1993:243,461)。[1] 这样看来,工具书倾向狭义语法化。

① 语法成分,又称“形态部”,由王力翻译 morphème 而来,与理解成分(sémantème)或“意义部”相对。语法成分用以指称语言结构中不具有词汇意义而只具有语法意义(作用)的组成成分,一般包括虚词和作为某种语法性质标记的语素(戚雨村,1993:243,461)。

综上所述,想要甄别一个语言单位是否语法化,可以依据如下原则:(1)实词或句法结构是否演变成语法范畴①或语法成分;(2)是否出现实词虚化、虚词再虚化的演变;(3)词汇意义是否演变成语法意义;(4)是否有词性的改变,即由实词演变为虚词;(5)是否形成具有某种语法意义的句法格式。

## 二、词汇化的界定

对词汇化(亦有学者称之为"词化")做出论述的,主要代表学者有Lipka(1992)、Hopper(2005)、Brinton和Traugott(2005)、董秀芳(2002)、王文斌(2004)、罗思明(2007)等。根据Lipka(1990)的论述,词汇化指这样一种现象,即一个复杂词位(lexeme)倾向成为一个独立完整词汇单位或简单词位。与语法化类似,词汇化也有共时及历时两个考察视角。Brinton(2005)认为,共时词汇化用于概念范畴的编码,其本质是概念表征和句法联结的程度,以及这类联结在本质上的形式化方式。Brinton还指出,共时词汇化(lexicalized)的表达式并不包括复杂的固定的多词短语,但包括严格意义上的单个类似词的实体。另一个视角的历时词汇化,则以不同方式"被收入词库"或"缺乏语法规则的多产性"。历时词汇化体现在以下几个方面:(1)在多大程度上,词汇化与构词过程可以区分开;(2)词汇化与动因化、习语化(idiomaticization)、惯用语化(routinization)、机制化(institutionalization)如何交叉或关联;(3)把词汇化概念化为一种削弱组合性的溶合(fusion)过程或增加自足性的分离过程蕴含了什么;(4)词汇化是渐进(gradual)的还

① 依据王德春(2003:110)、许宝华(2013:211)的观点,语法范畴也有狭义、广义之分,本书取狭义的语法范畴,指各词类内部各类型语法现象所包含的共同语法意义的概括归类,如名词的性、数、格,动词的时、体、式等范畴。

是突发(abrupt)的。看得出来,Brinton 和 Traugott 所谓的共时词汇化是严格意义或狭义的词汇化。他们不希望把词汇化的范围无限地扩大。国内的学者如王文斌(2004:413)认为,所谓词化,就是指原属于横组合关系的词语配列成为一个固化的词汇单位,或者将不同的语义成分整合在一起形成的固化词汇单位。罗思明(2007)认为词汇化的本质是语言演变中语义成分整合成词的过程及结果。依照 Bańczerowski(1980:336)的理论,语言的表达常分为两类:综合型表达(synthetic expression)和分析型表达(analytic expression)。前者是一种词(汇)化了(lexicalization)的表达法(许余龙,2002),或是概念化了的表达法,概念化的结果可以是单纯词,也可以是派生词或复合词(王菊泉,2011)。董秀芳(2002)认为汉语双音词的衍生属于一种词化现象,即短语等非词单位逐渐凝固或变得紧凑而形成单词的过程。董文认为二者的相似性表现在:原先独立的成分都会变得越来越依赖于它的相邻成分,从而造成语言形式的理据性减弱,以至变得难于索解。再看某些工具书的解释:词汇化是个别语言词库中概念区分的表征,如英语中动物与动物肉的划分就常常是词汇化导致的(例如:pig vs. pork, deer vs. venison),但在法语中没有发生词汇化。词汇化还指历史上的后缀变成一个独立的词汇单位的历史过程(Matthews,2006)。根据许宝华(2013)的解释,词汇化系语言历时演变的一种现象,指语言中的非词单位(如短语或句法结构)的理据性逐渐减弱,凝固成一个词汇单位的过程或结果,如古汉语的"睡觉"是短语,意思是从睡着到醒来的过程,后来该词经历词汇化后只表示睡眠。词汇化的过程往往伴随着语言使用者对非词单位的重新分析(reanalysis),词汇化也必定带来非词单位意义的转变。以上提到的词汇单位只有两类,就是词和熟语(许宝华,2013),这里的熟语相当于英语的idiom(习语)。

为使讨论更为全面,笔者还需简单介绍另一个与语法化难以理清关系的概念——“非词语化”。卫乃兴(2011:57)认为,非词语化属于词语学(lexis)的范畴,指的是使用中的词汇失去原有语义内容,从而与共现词结合,共同实现某个意义的现象。卫先生认为非词语化研究不局限于少数几个具有明显特征的动词,也不以语法标记或语法结构为焦点,而是涉及多而广泛的常用词,包括主要的实词类。非词语化研究并不偏重于探究语法意义,而将词语型式研究和意义特征探讨作为核心内容。非词语化研究主要对词语型式进行共时研究,不把词义和结构的历时变化探讨作为其研究的主要内容。首次提出非词语化的是 Sinclair(1999:113)。笔者认为,Sinclair(1999)与卫乃兴(2011)的研究其实是词义虚化的一个方面。卫文认为,非词语化显示的是一种搭配关系,并且对语境依赖程度很高。事实上,判断一个词是否虚化或语法化,需要凭借语境才能确定。英文单词 delexicalization,卫乃兴(2007;2011)翻译成“非词语化”,但桂诗春(2007)却用它指称词义的“虚化”。[①] 表面上看,这好像是译名的差异,实际上是对 delexicalization 的内涵的解读有所不同。术语学家郑述谱(2006)曾指出语言学术语具有混杂性的特点。迄今这一情况也没有明显好转,预计今后短时间内也很难有根本性的转变,这大概同语言学术语的两重性有关,即它既是语言学的研究对象的组成部分,又是语言学研究的元语言(郑述谱,2006:51)。对 delexicalization 的不同解读,反映了语言学家对语法化的不同理解,折射出语言学术语和自然科学术语迥异的特性。本节无意也无法从根本上去解决这一问题,只希望从一些代表性文献中理出一点头绪,提出对词汇化及语法化的看法,为下文论证做铺垫。笔者认为,鉴别词汇化可以借助如下原则:(1)分析型表达法是否演变成综合型表达法;(2)非词单位(词缀、词组或句

① 这样一来,汉语的“虚化”如果回译成英语,则有 delexicalization、semantic bleaching 两种表达法。前者从词语角度论及语义,后者从语义角度论及语义。二者有无异同,似很难说清楚,但是“轻动词”(Huddleston,2004)的演化可以说经历了 delexicalization 或 semantic bleaching。

法结构)是否演变成词汇单位(词或熟语);(3)是否收入词库;(4)是否需要重新分析。由于不同学者对“词库”(lexicon)的范围界定很不一样(Matthews,2006),用是否收入词库来甄别非词单位,缺乏有效的验证手段,在实践中不太容易操作。撇开这一项,至少第(1)、(2)、(4)项原则可以作为判定词汇化的依据。需要注意的是,有一种情况跨词汇化和语法化两个范畴,即马庆株(2004:16)提到的由非语法单位词组变成语法单位词的情况。由非语法单位变成语法单位是语法化的过程或结果,由词组变成词是词汇化的过程或结果。

综上所述,虚化、语法化、词汇化虽有交叉之处,但还是各有侧重,它们的来源、内涵、研究范围也是有差别的。相比之下,词汇化的显性特点更具体和明显,较容易操作;而语法化的隐性特点则较抽象且不明显,可操作程度要低些。

## 第二节　虚化和语法化的关系

虚化是否等同于语法化?如果答案是否定的,那么它与语法化是一种什么关系?[①] 这个问题看似简单,但想解释清楚却非易事。由于语法化与实词虚化联系紧密,因此,有的学者把虚化视作语法化,如邢志群(2008)曾说,Traugott 在讨论语法化过程时提出“指称推理原理”(Principle of Inferencing),认为一个词在进入虚化/语法化后,最主要的一个演变就是从表示客观的字面意思演变到表示跟周边词有关系的句子意思,然后发展到受上下文影响的话语意思。从邢文的表述可以看出,邢文把虚化视同语法化。金立鑫认为,delexicalization 属于 grammaticalization 范畴,也就是说 have a rest、

① 虚化除了与语法化有关,还和泛化有关。见张爱朴(2015)第七章。

arrive at a conclusion 中的 have 和 arrive at 正处在语法化过程中,可以说是“意义虚化、形式滞留”的例证。① 英语 DVC 处于语法化过程中,即语义虚化,但还没有完全语法化。也就是说,从语法化程度上看,英语虚动没有演变为一个独立的语法范畴,其语法化程度不高。孟丽(2015:31)认为语法化与引申及虚化不同,引申及虚化强调词义衍生之间的相关性,而语法化侧重语法标记和语法形式的产生,因此不注重词义的关联。孟文认为语法化研究的重点不是词义的衍生,而是句法形态上的改变,新的语法成分或语法范畴产生,才是典型的语法化现象。卫乃兴(2011:56)认为语义虚化(semantic bleaching, desemanticization)是语法化学者提出的一个相关概念,语法化指实词演变为语法范畴的现象或过程。卫文认为,词义虚化是一个实词语法化的必要条件。王德春在分析 to give a jump(跳一下)、to give a look(瞥一眼)时,对动词 give 的词义变化做如下阐释:词汇意义逐渐消失,逐渐向语法意义过渡。give 表示与名词意义相对应的单独行为或短暂动作,此时 give 具备词汇语法意义(王德春,1990)。据此可得出结论,有的动词如 give、have、take 与表动作的事件名词结合后,词义虚化了,获得了一些语法意义,但其词义并未完全消失。这一点已被 Brugman(2001)证实。Brugman 认为,DVC 的语义或许难以充分预测,但虚动的语义贡献是系统的,在一定程度上也是透明的。因此,虚化与语法化是两个不同的概念。沈家煊(1994)曾说语法化的范围似乎比虚化广一些。如果说沈文当时对二者的区别尚不太确定,那么马庆株(2004)的观点就十分明确了。马文说有人把 grammaticalization 译作“虚化”,概括范围缩小了,因而是不够准确的,这种译法的弊端是,排除了非语法单位演变成语法单位的情形。马文的概述一语中的。虚化只是语法化的一个方面,其范围比语法化小。

① 个人通讯交流。

# 第三节　英汉虚化动词与语法化词汇化的关系

## 一、英语虚化动词

### （一）Brinton 等学者的观点

Brinton(2005:131,132)认为,应区分两类复杂谓语(complex predicate,以下简称 CP)类型。第一种是类似 lose sight of 的习语,即某些动词与其他成分结合构成特定结构,此类习语的能产性(productivity)较低;另一种是由 make、take 等虚动形成的 CP,它们的能产性较高,其中的动词具有明显可识别的语法功能(如体、动态/静态)。在此情况下,Brinton 和 Traugott 认为这类动词已经语法化了,他们把这类 CP 称作 G1(短语结构),其中的事件宾语成分(NP)非范畴化了,动词呈现语法功能,未来有可能成为语法(派生)前缀。Brinton 和 Traugott 还认为,以 lose sight of 为例,这里的 lose 被束缚在 sight of 上,sight of 又被束缚在 lose 上,此类型扩大的可能性已经减少(词汇化指标)。然而,对于虚化动词而言,其类型扩大的可能性增加,包括体意义(语法化指标)的语义语用得以充实,make mockery of 和 lose sight of 一样,事件宾语由光杆名词充当。Traugott(1999:259)认为,非范畴化及语义抽象(semantic abstractness)的增强不足以保证把 DVC 序列的演变识解为语法化个案。DVC 中的动词都受到典型的时/体/语气的修饰。DVC 搭配的发展导致了语言动词性资源的增加,而不是非功能范畴的增加。因此,DVC 最好被识解成带有习语化的词汇化。

## (二)本书的观点

本书接受 Brinton 和 Traugott 的观点:那些固化度高的结构,如 lose sight of,已凝固成习语,经历了词汇化。但是本书讨论的是那些固化度不高的 DVC,得出的结论为:DVC 兼有词汇化和语法化的特征,处于二者的过渡状态。得出此结论的理由如下:

(1)Brinton(2005)之所以认为 DVC 经历语法化,理由是 DVC 中的动词可以体现语法功能,如体、动态/静态等。对此,本书认为:不是动词本身可以表示以上语法功能,而是动词如 give、have 与事件名词结合后,整个结构体现某种语法义。从 Goldberg(1995)的构式语法来看,这种语法义是构式义,不是单个结构成分的意义。正如王德春(1990)所言,虚动进入 DVC 后,表示词汇语法义。Wierzbicka(1982;1988)认为,不定冠词使结构体获得了终结体。Cattell(1984:16-17)认为,DVC 里的事件名词由动词转化而来,此时名词可以使动作个体化,而动词却不行,这是造成 DVC 和 SVC 在语义上存在差异的原因。

(2)Brinton(2005)认为,从类型上看,英语 DVC 的能产性比习语要高,似乎不需要收入词典。但这需要做大规模的语料统计,得到精确的数据验证之后,才有可能得出令人信服的定论,只凭几个例子或内省的方法得出的数据,往往不太可靠。缺乏大规模语料库的统计,得出的研究结果不具有代表性。Nickel(1968)认为英语复杂动词结构(即 DVC)具有半能产性(semi-productivity),但是 Huddleston(2002:291)认为虚动和名词的组合有相当的能产性(fairly productive)。Stein(1991a;1991b)对约 160 万词的当代小说语料库进行了统计,共找到 402 例(含 give 结构 297 例,185 例/百万;have 结构 72 例,45 例/百万;take 结构 33 例,20 例/百万)DVC,比率为 251 例/百万,这是每个虚动总的比率,具体到同义虚动与不同事件名词的搭配,比率会低一些。黄和斌(2003)认为这类结构属于有标记的语言现象,马秉义(1995)更是建议英语学习者要掌握 have an operation 之类的语言结构,需逐个识记。Algeo(1995:204)认为,DVC 是个句法结构,同时也具有词汇单位的特征,要求词典立目。Allerton(2002)以语料库和词典为基础,研究了英语动词的扩展结构之后,认为有必要编纂一部英语动词的扩展结构词典。这些研究表明,DVC 带有词汇化特点,与词库有关。在中外词典编纂实践上,许多英语 DVC 多以例证形式收入各类英语词典,个别也有以习语形式收录的,如 BBI、NAECD、NECDE 等。这说明,从二语习得的角度来观察,英语 DVC 在一定程度上也经历了词汇化,其是否可以被视作词汇单位,不能凭主观意志来决定,应该考察这个语言单位是否经历了词汇化。根据上文提到的原则,应看该语言单位是否演变成词汇单位,如词典中列出的词、短语等词项。它们通常具有口头或文字形式,在句子中起一种语法作用,并具有语义(哈特曼,1981)。Huddleston(2002:291)认为,所有虚动与名词的组合绝非都是词汇单位。笔者对于 Huddleston 论述的理解是:部分 DVC 可以被看成是词汇单位,部分 DVC 则不能被看成是词汇单位。从 Huddleston 所举例证中,我们可以发现,那些固化度相对较高的结构,如 make use of、pay attention to、take note of 应被视为词项,即词汇化单位,它们经历了词汇化,而本书讨论的固化度不高的 DVC,如 give a groan、have a shower、take a rest 等,不是典型的词项或词汇单位,它们还没有完全词汇化,词汇化程度不高,它们时常作为例证而非词目被收入语言(文)词典。衡量一个语言单位是否经历了语法化,需依据本章第一节中“语法化的界定”里面提到的原则,如是否出现实词虚化、虚词再虚化,是否形成具有某种语法意义的句法格式。对照这两个原则,英语 DVC 的动词发生虚化,形成了表示短暂动作义的句法结构,它经历了语法化。虽然 give、take、make 因仍有一定的词义,还不足以被认为是语法范畴(Allerton,2002:177 - 186),但是,它的词义虚化毋庸置疑。另外,应区别一个词的固有意义和它的构式义。汉字“把”表示处置,这不是它本身的语法义，而是“把”字句式的语法意义（陆俭明，2008：144）。汉语“S V O V 得 R”句子，如“小张吃饭吃得饱极了”，表示的肯定语法意义，不是“得”固有的意义，这里“肯定”的意义是由整个句式表示的（出处同上，145）。同理，类似 give 表示一个动作的意义，也不是该词的固有义，而是由整个句式表示的。如果撇开词汇化、语法化最根本的要素，单纯侈谈词汇化、语法化，极其容易陷入无休止的概念论战中，对于这一点，国内学者徐盛桓先生（2008）在祝贺《外国语》创刊三十周年时就曾撰文告诫：不鼓励不能推动新研究的那些技巧性的概念论战。概括起来，英语 DVC 兼有词汇化和语法化的特征，处于过渡状态。

## 二、汉语虚化动词

### （一）既往学者的观点

从词汇化或语法化角度专门探讨汉语虚动的文献不多，并且由于汉语虚动的特点，这些研究多以个案为主，早期的研究没有运用词汇化、语法化等理论，如陈迪明（1958）、龚千炎（1961）的研究。也有学者在采用中国传统语文学方法的研究中间接涉及到虚动，如裘锡圭（1992）、郭锡良（1998）对“以”的论述。自二十一世纪初，随着词汇化、语法化理论在国内的影响逐步扩大，学者们开始从词汇化、语法化的视角审视汉语虚动。龚千炎（1961）和刘红妮（2011）的个案研究比较细致，影响力更大些。龚千炎（1961：20）认为，“加以”的形成大致上是这样的：加之以 + 名词→加之以 + 名物化动词→加以 + 句子形式（或词组）→加 + 名物化双音动词（或双音节的动词语）→加以 + 名物化双音动词。龚文的研究得到了刁晏斌（2004：383）的肯定。刘红妮（2011）则从多元词汇化与语法化的角度讨论了“加以”的演变,认为虚动“加以”是表“施及”义的一般动词演变来的,连词“加以”和介词“加以”的演化路径并非同一个,而是经过不同途径,在“加”不同义项基础上,在不同句法结构中分别演化而成。刘文认为,这是一种因语素义不同和结构不同的双重差异而形成的多元词汇化和语法化模式。根据刘文,“加以”经历了词汇化和语法化。刁晏斌(2004)讨论了多个虚动的来源,根据刁著,汉语虚动的产生时间不同。“加以”是由“加之以……”节缩而来,大约产生于三国时代,这在《三国志》中可以找到例证(例证从略),此时“加以”从表“施及”义演变为形式动词(刘红妮,2011)。刁著认为,“予以、给以、给予”产生的时间都比较晚,大致出现在清代或更晚些时候,“进行”产生于现代汉语阶段。“给予”的前身是“给与”,“给予”的最早用例见于清朝嘉庆年间(袁杰、夏允贻,1984:32)。概括起来,除了“加以”在三国时期出现外,其他几个虚动的产生时间都比较晚。以上几个词属于词汇化还是语法化,学者们的讨论并不多。前面提到的刘红妮认为,“加以”经历多元词汇化和语法化,而马庆株(2004:17)和刁晏斌(2004:282)都认为,“加以”“予以”已从“韵律词变成了语法词(grammatical word)”①,属于语法化中一种比较特殊的形式。关于“给以”“给予”“进行”的词汇化、语法化论述,据笔者掌握的文献,学者对其的讨论十分有限。

### (二)本书的观点

前面提到,“加以”经历词汇化、语法化(刘红妮,2011),属于语法化中一种比较特殊的形式(刁晏斌,2004)。为方便识别虚动是否经历词汇化或

① 语法词,也称作功能词或虚词,指没有完整的词汇意义,但有语法意义或功能意义的词,如定冠词、介词等。语法词与具有词汇意义的实词(content word)等相对立(哈特曼等,1981:138)。

语法化,这里把鉴别词汇化、语法化的原则照录并进行相应分析。

(1)词汇化原则:①分析型表达法是否演变成综合型表达法;②非词单位(词缀、词组或句法结构)是否演变成词汇单位(词或熟语);③是否收入词库;④是否需要重新分析。

对照这些原则,古汉语中"加以"的"加"是动词。根据郭锡良(1998)的论述,"以"在甲骨文中的本义为"提携、携带",它的意义很实在,是动词,西周以后由动词虚化成介词,再由介词虚化成连词,或构成固定结构,再凝固成词,转化成构词语素。郭文的观点在其他学者的论述中可以找到佐证。如杨锡彭(2003:267)认为,粘宾动词中的"于、以"是从介词脱胎而来,在合成词中,"于、以"保持了介词语义虚化的特点。郭文认为,粘宾动词的语义重心在与"于、以"结合的语素上,"于、以"的意义很虚,具有词缀的性质,起语法作用或协调音节的作用。郭文提到的音节调节作用,即韵律因素的作用,马庆株(2004)、刁晏斌(2004)也有论述(见上文)。为什么韵律因素会对虚动的产生有促进作用,这里做些补充说明。笔者认为,双音节虚动的产生与双音节事件名词的出现有关。王力(1980:340)认为,汉语构词法的发展是循着单音词到复音词的道路前进的。历代以来,复音词都有增加,造成此种情况的一个重要原因是,这是减少同音词的重要手段之一。根据向熹(1993:406)的观点,单音向复音演变,在上古汉语词汇中已经表现出来。据向著统计,《论语》里的复音词占总词数的15%,《诗经》中复音词占25%。到了汉代,复音词更多,《论衡》的复音词有2300个之多,作为字书的《说文解字》,其中复音词有1690个。依据这个发展趋势,不难推测,为了适应汉语韵律的要求,虚动也必然从单音向复音演化。前面提到,"加以"是个合成词,从古汉语演化而来。"加"和"以"在古汉语里是两个词,如今成了一个词,可以认为是从分析型表达转为综合型表达,需要重新分析才可解析其含义,且都被辞书收录,至此,"加以"已满足三条原则,可以认为"加以"经历了词汇化过程,它的形成是词汇化的结果。[1] 另外几个虚动"给以、予以、给予"也属于复合双音词,龚千炎(1961)认为,它们和"加以"一样,是动词和介词逐渐凝固演变而成的,它们也是词汇化的结果。至于"进行",刁晏斌(2004)认为,它的产生适应了汉语动词双音化的需求。"进行"也是由两个词"进"和"行"结合而成,是在现代汉语阶段产生的。《古代汉语词典》(2003)、《近代汉语词典》(高文达,1992)都没有词条"进行"。根据《古代汉语词典》(2003:805,1746),"进"有"向前,前进"之义,如"非敢后也,马不进也"(语出《论语·述而》);"行"有"做,实施"义,如"多行不义,必自毙"(语出《左传·隐公元年》),与"进"同义。"进"和"行"在现代汉语阶段凝固成合成词"进行",有"从事持续性的活动"义(吕叔湘,1980:275),如"进行讨论""进行详细的调查"。根据词汇化的鉴别原则,"进行"显然经历了词汇化。

(2)语法化原则:①实词或句法结构是否演变成语法范畴或语法成分;②是否出现实词虚化、虚词再虚化的演变;③词汇意义是否演变成语法意义;④是否有词性的改变,即由实词演变为虚词;⑤是否形成具有某种语法意义的句法格式。

对照以上原则,本书认为汉语虚动的语法化程度不同。

"加以"是虚动,表示对某一事物施加某种动作,必须带双音节动宾,真正表示动作的是后面的动词(吕叔湘,1980;1999)。吕先生的观点说明"加以"表示一种抽象的意义,词义已虚化,但是否可以认为它已演变成语法范畴或语法成分了呢?前面提到,语法成分指用以指称语言结构中不具有词汇意义而只具有语法意义(作用)的组成成分,一般包括虚词和作为某种语法性质标记的语素。"加以"具有一定的语法意义。按照 Matthews(2006:187)的理论,这个语法意义主要体现在与词库加以区分的语言句法形态部

---

① 关于"加以"词汇化的机制,见刘红妮(2011)的相关论述。

分的意义方面,如结构的意义、屈折的意义及形成封闭词类的其他单位的意义。“加以”在古汉语中是两个词,形式动词“加以”可以看作古汉语的残留现象(杨锡彭,2003:261),它表示“处置”义(刁晏斌,2004:32)。依据尹世超(1991)、杨锡彭(1992;2003)的论述,“加以”是粘宾动词,它形成一种特定的句法结构。因此,“加以”满足上述原则的①、②、⑤条,可认为已语法化了。同样的道理,表处置义的“给予”“予以”“给以”也经历了语法化。再看非粘宾动词“进行”,它是动词,指“从事持续性的活动”,可带“了”,一般不能带“着、过”;可带动词宾语(吕叔湘,1980:275),在语法性质上与“加以”一样,具有准谓词性特征(朱德熙,1982;俞士汶,1998)。周刚(1995:269)认为,“进行”还具有动词的主要语法功能,可以单独使用,其虚化程度远不及“处置”义类虚动,还是自由词。这一点第一章提到的“进行”构成的DVC句式更加多样化。以上还不足以帮助识别“进行”是否语法化了,还要看该词符合语法化的哪些原则。总结第一章所列的“进行”类句子可知,“进行”属于一种语法成分,即它是具有一定语法意义(作用)的组成成分,这里的语法意义指“从事(某种活动)”,如“进行讨论、进行工作、进行教育和批评”(引自《现汉》2016年第7版第681页)。当“进行”与事件名词搭配时,还是可以感觉到该词的词义虚化,尽管“进行”构成的句子格式较多,但只要有动宾,则均可认为是具有语法意义的格式,所以,进行类DVC满足①、②、⑤条原则,可认为其经历了语法化。

## 第四节 英汉虚化动词结构语法化的机制

语法化的机制是研究语法化的一个重要主题。Hopper(2005)曾讨论过重新分析和类推问题,二者都是导致语言变化的重要机制。如今这两个机制成为语法化假设或理论的重要组成部分，被学界广泛接受。

## 一、英语 DVC 语法化的机制

上文提到，重新分析和类推是语法化的两个重要机制，这两个机制是否适合英语 DVC 呢？或许由于对语法化界定及机制有着不同的理解，学者们对于 DVC 是否经历语法化还存在疑惑，更不要说语法化机制。Traugott 在其 1999 年发表的文章中否认 DVC 的形成是语法化的结果，其他学者如 Brinton 并不同意这一观点。Brinton(2005:130 - 132)重新审视了 CP(composite predicate)后认为，固化程度高的结构，如 lose sight of，是词汇化的结果，而一般的 CP(本章讨论的 DVC)是语法化所致。那么，英语 DVC 经历的语法化都有哪些机制呢？Brinton(1999:17)把 DVC 的语法化机制总结为四个方面，即事件名词的非范畴化及增长的粘附动词性(bondedness)、句法变异性的丧失、句法结构的重新分析，以及语篇意义的获得。概括起来，英语 DVC 语法化机制主要有非范畴化和重新分析。

## 二、汉语 DVC 语法化的机制

汉语 DVC 语法化程度有高低之分，那么它的语法化机制是怎样的？刘红妮(2011)基于对“加以”的研究，认为其演变的主要机制是去范畴化和介词并入。依照刘红妮(2011)的论述，“加以”的形成经历了多元词汇化与语法化，因此，介词并入使得单音节的动词“加”成为双音节的合成词“加以”也是其语法化的一个机制。刘文还认为，“加以”的形成与汉语动名互转的无标记性以及韵律等因素有关，但刘文没有深入探讨韵律如何影响“加以”的形成。马庆株(2004:16)认为，语法化包含过程和结果两个方面，其中过程涉及词缀、虚词和实词语法标记(含各类语音标记)等聚合的历史和组合形成的历史,而结果涉及词缀与词根的区别、复合词与派生词的区别、词与词组的区别,有助于了解语法单位和非语法单位的关系等。此外,尽管具体细节未做阐释,但前面曾提到的刘文指出,韵律也是"加以"形成的一个机制。对此,马庆株(2004:17)论述道,"给以、加以、予以"等的形成跟语音因素有关,实词和虚词组合成一个派生词,如"加"和"以"结合后成为"加以",它就由韵律词(非语法形式)成为语法形式即虚动,此时,韵律词变成了语法词。概括起来,汉语 DVC 语法化机制有去范畴化、介词并入和韵律因素。

综上所述,英语 DVC 语法化的机制,主要是非范畴化和重新分析,它们都是语法系统内部的机制;汉语 DVC 语法化的机制,主要是去范畴化、介词并入和韵律因素,其中去范畴化和介词并入是语法系统内部的机制,而韵律即语音因素是语法系统外部的机制。

## 小　结

本章对国内外学者关于词汇化和语法化的阐述进行整理和总结后认为,词汇化相对显性程度高,语法化则相对隐性程度高,据此提出了判定词汇化和语法化的标准。严格意义上来说,英语虚动未经历词汇化,但经历了语法化,更准确地讲,英语虚动经历的是边缘性语法化(marginal grammaticalization)。与之相比,汉语的几个形式动词既经历了词汇化,也经历了语法化。此外,本章还讨论了英汉虚动的语法化机制。英语虚动的语法化机制主要有非范畴化和重新分析,汉语形式动词的语法化机制有去范畴化、介词并入和韵律因素。需要说明的是,英汉虚动既然经历了语法化过程,从共时平面来看,必然存在语法化程度的差异。现有的少数文献虽然涉及了英汉虚动的语法化程度问题,但都缺少系统的论证,一般是从语感来推断的,其结论的可靠性令人怀疑。限于学力及英语虚动、汉语形式动词的复杂性,笔者暂时未对这个问题进行探讨,留待今后做进一步的研究。

# 附　录

ⅰ. 核心事件名词的特征:表示复杂事件;可以和介词搭配;可以做句子主语;构词以派生法居多。

ⅱ. 边缘事件名词的特征:表示简单动作;不能与介词搭配;不能做句子主语;构词属于词类转换法。

## 进入 GIVE 结构的事件名词

### 一、边缘事件名词(入A式)

1. 表示人或物发出的声音:bang(砰砰作响),bellow(吼叫),cheer(欢呼声), cough(咳嗽),cry(叫喊,呼喊),fart(屁), flutter(抖动,振),gasp(喘息), grin(露齿笑),groan(呻吟),growl(咆哮),grunt(咕哝),guffaw(狂笑), gulp(哽塞声),hiccup(打嗝儿), hint(暗示),hiss(嘶嘶声),howl(嚎叫),laugh(笑),lurch(突然倾斜),moan(呻吟),roar(咆哮),scowl(皱眉), scream(尖叫),shout(呼喊,高声叫),shriek(尖叫,尖声),sigh(叹气),smile(微笑),snarl(咆哮,狂吠),sneeze(喷嚏),snort(喷鼻息),sob(呜咽), squeak(吱吱声),tap(轻叩,轻拍),whimper(呜咽),whinny(嘶鸣), whisper(低语),whistle(吹口哨),yell(叫喊),yawn(打呵欠)

2. 表示人的身体动作:beating(打,鞭打),blush(脸红),bow(鞠躬), frown(皱眉),glance(一瞥),gulp(吞咽),jump(跳),leap(跳跃),listen(听),look(看),move(移动),nod(点头),shiver(哆嗦),shrug(耸肩),

shudder(战栗),sniff(嗅),squeak(短促而尖厉的叫声),swerve(转向),tap(轻叩),tremble(颤抖),wave(挥手),wink(眨眼),wrench(猛扭),wriggle(蠕动),yank(突然的猛拉)

## 二、边缘事件名词(入 B 式)

airing(通风),bang(猛击),bath(洗澡),blow(打,一击),brush(刷),call(打电话), carry(携带),clean(擦拭),clout(猛击),comb(梳头),cuddle(拥抱),dig(刺,戳),embrace(拥抱),fling(扔,抛),glare(瞪),hit(打),hug(拥抱),ironing(熨烫),jerk(急拉,急扔),kick(踢),kiss(吻),knock(敲),lend(借), lift(吊,升)[①],look(看,一瞥),massage(按摩),nod(点头),nudge(轻推),pinch(捏,拧),polish(擦亮),press(压,按),prod(刺,戳),pull(拉),punch(拳打),push(推),rap(叩击,敲击),rattle(嘎嘎声,咯咯声),rebuke(指责),rent(租), ring(按铃,打电话),rub(擦),scare(惊恐),scowl(皱眉),scratch(搔,抓),shake(摇动),shock(震惊),shove(推),shower(淋浴),smile(微笑),sneer(讥笑),sniff(吸气),squeeze(挤),squirt(喷),stare(盯),start(惊跳,突然一惊),stir(拨动),stoke(拨火),stroke(抚,摩),tap(轻叩),tear(扯), touch(触碰),try(尝试),tug(拽,拖),tweak(扭,拧),twirl(旋转),twist(捻,搓),wash(洗),water(浇水),welcome(欢迎),wipe(擦,揩)

## 三、核心事件名词[②]

account(报告,记述),advice(建议), aid(援助,帮助),analysis(分析),

---

① 注意:give sb. a lift(让某人搭车;给某人帮忙)是习语,不属于本书讨论的 DVC。

② 这里未区分 give 结构 A 式或 B 式。

answer(回答),apology(道歉),approval(同意),attention(注意),benefit(帮助,益处),care(关心,关怀),comment(评论),commentary(注释),comparison(比较),consent(同意,赞成),consideration(考虑),criticism(批评),debt(债务),description(描述),definition(定义),demonstration(示范,演示),encouragement(鼓励),entertainment(招待,款待),evidence(证明),explanation(解释),experience(体验,感受), freedom(自由),guidance(指导),help(帮助),illustration(说明), imitation(模仿), impersonation(扮演), indication(暗示), injection(注射),inspiration(灵感),knowledge(知晓),lecture(报告),mandate(命令,授权),offence(冒犯,触怒),order(命令),overview(概述),performance(演出), permission(允许)[1],pledge(誓约,保证),portrayal(描绘), presentation(陈述),recognition(承认),relief(缓解),reply(答复),report(报告),sketch(概述),suggestion(建议),summary(概要),support(支持),talk(报告),thought(关心),treatment(治疗),trial(试验),welcome(欢迎)

# 进入 HAVE 结构的事件名词

## 一、边缘事件名词

bash(猛击),borrow(借),carry(携带),catch(抓),chat(闲聊),chew(咀嚼),cold(感冒),cough(咳嗽),cry(哭),crouch(蹲伏),cuddle(拥抱),dance(跳舞),debate(辩论),dream(做梦),feel(触摸),fight(战斗),float

① 也可用 grant。

(漂浮),fright(惊吓),gossip(闲聊),grudge(怨恨),grumble(牢骚),haircut(理发),influence(影响),kiss(亲吻),laugh(笑),listen(听),look(看),mandate(命令,授权),massage(按摩),nibble(啃),play(玩耍),prowl(四处觅食),pee(小便),read(阅读,读书),ride(骑,乘车),roar(咆哮),row(划船),scribble(乱涂),shock(震惊),shoot(射击),shout(呼喊),sit(坐),smile(微笑),snack(小吃),sneeze(打喷嚏),stand(站立),suck(吸吮),taste(体验),throw(投掷),try(尝试),wriggle(蠕动),yawn(打哈欠)

## 二、核心事件名词

advice(意见),celebration (庆祝),criticism(批评),discussion(讨论),dispute(争执),effect(影响),fun(乐趣),injection(注射),interest(兴趣),interview(会晤),leave(休假),life(生活),need(需要),operation(手术),quarrel(争吵),success(成功),talk(会谈),think(想),trial(试验),use(使用),win(赢,胜利)

# 进入 TAKE 结构的事件名词

## 一、边缘事件名词

blame(责备),breath(呼吸),care(小心,谨慎),charge(管理),dislike(不喜欢),dive(跳水),fall(落下),glance(一瞥),leap(跳跃),note(注意),photograph(照相),risk(危险),step(跨步),swallow(吞,咽),tumble(筋斗),turn(转变), view(观看)

## 二、核心事件名词

action(行动),break(休息),control(控制),decision(决定),drive(驱车旅行),effect(影响),examination(考试),exercise(锻炼,练习),offence(冒犯),pilgrimage(朝圣),recreation(娱乐),vote(投票)

# 进入 HAVE 和 TAKE 结构的事件名词

bath(洗澡),bite (咬,叮),break(打破),climb(攀登),crawl(爬行),drink(饮,喝),guess(猜测),holiday(度假),interest(兴趣),jump(跳),kick(踢),lick(舔),look(看),nap(小睡),pity(怜悯),rest(休息),roll(滚动),run(跑),shave(刮脸),shower(淋浴),shriek(尖叫),siesta(小睡),sip(呷),sleep(睡眠),slide(滑动),smell(嗅,闻),smoke(抽烟),sniff(吸气),stroll(散步),swim(游泳),vacation(休假),walk(步行),wash(洗)

# 进入 MAKE 结构的事件名词①

## 一、边缘事件名词

dash(撞击),dive(跳水),grab(抓取,攫取),stab(刺,戳),lunge(猛冲),leap(跳跃)

① 进入 make 结构的事件名词与进入 give、take 结构的事件名词也有交叉,这里没有单列出来。

## 二、核心事件名词

advance(前进),analysis(分析),announcement(通告,宣告),answer(回答),arrangement(安排),arrest(逮捕),appointment(约会,约定),attack(进攻),attempt(试图),broadcast(广播),calculation(计算,估计),call(打电话),change(更改),check(检查),choice(选择),claim(要求),comment(评论),comparison(比较),confession(坦白),criticism(批评),decision(决定),denial(否定,否认),discovery(发现),examination(检查),exception(例外),explanation(解释),guess(猜),improvement(改进),innovation(革新,创新),inquiry(询问),inspection(视察), investigation(调查),jump(跳),motion(动作,移动),movement(运动,活动),observation(观察,评论),preparation(准备),presentation(赠送),production(生产)①,proposal(提议,建议),record(记录),recovery(复苏,痊愈),remark(评论),repair(修理),resolution(决心)②,retreat(撤退), sacrifice(牺牲),selection(挑选),start(开始),stay(逗留,停留),stir(轰动),study(研究),suggestion(建议),survey(查勘),transfer/transference(转移)③,visit(访问)

① 也可说 be in production。

② 也可说 take the firm resolution to do(下定决心去做……),引自 NECDE。

③ 英国某大学 David Charles Boydon 认为,这两个词都可以表示"转移",没有语义差异。上海交通大学郭曙纶教授认为,无后缀的单词更具体,有后缀的单词更抽象。

# 参考文献

## 专著论文类

[1] ALGEO J. Having a look at the Expanded Predicate[C] // AARTS B, MEYER C F. The Verb in Contemporary English: Theory and Description. Cambridge: Cambridge University Press, 1995.

[2] ALLERTON D. Stretched Verb Constructions in English [M]. London: Routledge, 2002.

[3] BAŃCZEROWSKI J. Some Contrastive Considerations about Semantics in the Communicative Process[C] // FISIAK J. Theoretical Issues in Contrastive Linguistics. Amsterdam: John Benjamins Publishing Company, 1980.

[4] BIBER D, JOHANSSON S, LEECH G, et al. Longman Grammar of Spoken and Written English [M]. London: Pearson Education Limited, 1999.

[5] BOLINGER D, EARS D A. Aspects of Language[M]. New York: Harcourt Brace Jovanovich, INC, 1968.

[6] BRINTON L J. Attitudes Toward Increasing Segmentalization: Complex and Phrasal Verbs in English[J]. Journal of English Linguistics, 1996, 24(3): 186 – 205.

[7] BRINTON L J, AKIMOTO M. Chapter One Introduction[C] // BRINTON L J, AKIMOTO M. Collocational and Idiomatic Aspects of Compo-

site Predicates in the History of English. Philadelphia: John Benjamins Publishing Company, 1999.

[8] BRINTON L J, TRAUGOTT E C. Lexicalization and Language Change [M]. Cambridge: Cambridge University Press, 2005.

[9] BRINTON L J. 'Where Grammar and Lexis Meet' Composite Predicates in English [C] // ELENE S, LÓPEZ-COUSO M L. Theoretical and Empirical Issues in Grammaticalization. Amsterdam: John Benjamins Publishing Company, 2008.

[10] BRUGMAN C. Light Verbs and Polysemy [J]. Language Sciences, 2001, 23(4-5): 551-578.

[11] BYBEE J. Cognitive Processes in Grammaticalization [M] // TOMASELLO M. The New Psychology of Language: Cognitive and Functional Approaches to Language Structure, Vol. II. London: Lawrence Erlbaum Associates, Inc., 2003.

[12] CATTELL R. Syntax and Semantics: Composite Predicates in English [M]. New York: Academic Press, 1984.

[13] COMRIE B. Aspect [M]. Cambridge: Cambridge University Press, 1976.

[14] CULICOVER P W, JACKENDOFF R. Simpler Syntax [M]. Oxford: Oxford University Press, 2005.

[15] DE SWART H. Aspect Shift and Coercion [J]. Natural Language and Linguistic Theory, 1998(16): 347-385.

[16] DEANE P. Limits to Attention: A Cognitive Theory of Island Phenomena [J]. Cognitive Linguistics, 1991, 2(1): 1-64.

[17] DEANE P. Grammar in Mind and Brain: Explorations in Cognitive Syntax [M]. Berlin: Mouton de Gruyter, 1992.

[18] DIXON R M W. A New Approach to English Grammar, on Semantic Principles[M]. Oxford: Oxford University Press, 1992.

[19] DIXON R M W. A Semantic Approach to English Grammar[M]. 2nd ed. Oxford: Oxford University Press, 2005.

[20] DOWTY D R. Word Meaning and Montague Grammar[M]. Dordrecht: D. Reidel Publishing Company, 1979.

[21] GIVÓN T. The Binding Hierarchy and the Typology of Complements [J]. Studies in Language, 1980, 4(3): 333 – 377.

[22] GOLDBERG A E. Constructions: A Construction Grammar Approach to Argument Structure [M]. Chicago: The University of Chicago Press, 1995.

[23] GRIMSHAW J, MESTER A. Light Verbs and θ-Marking[J]. Linguistic Inquiry, 1988, 19(2): 205 – 232.

[24] HAIMAN J. Iconic and Economic Motivation[J]. Language, 1983, 59 (4): 781 – 819.

[25] HALLIDAY M A K. An Introduction to Functional Grammar[M]. London: Edward Arnold, 1985.

[26] HALLIDAY M A K. An Introduction to Functional Grammar[M]. 2nd ed. London: Edward Arnold, 1994.

[27] HALLIDAY M A K, MATTHIESSEN C. Construing Experience Through Meaning: A Language-based Approach to Cognition [M]. New York: Continuum, 1999.

[28] HEINE B, CLAUDI U, HÜNNEMEYER F. Grammaticalizaion: A Conceptual Framework [M]. Chicago: The University of Chicago Press, 1991.

[29] HIROE N. Aspect in English LVCs[J]. Essex Graduate Student Pa-

pers in Language and Linguistics,2006,8:1 - 17.

[30] HÖCHE S. Cognate Object Constructions in English: A Cognitive-Linguistic Account[M]. Tübingen:Gunter Narr Verlag,2009.

[31] HOPPER P J. On Some Principles of Grammaticalization[C] // TRAUGOTT E C,HEINE B. Approaches to Grammaticalization. Vol. 1. Focus on Theoretical and Methodological Issues. Philadephia: John Benjamins Publishing Company,1991.

[32] HOPPER P J,TRAUGOTT E C. Grammaticalization[M]. 2nd ed. Cambridge:Cambridge University Press,2003/北京:北京大学出版社,2005.

[33] HUDDLESTON R,PULLUM G K. The Cambridge Grammar of the English Language [M]. Cambridge: Cambridge University Press,2002.

[34] IWASAKI S. A Cognitive Analysis of English Cognate Objects[J]. Constructions,2007.

[35] JACKENDOFF R. A Deep Structure Projection Rule[J]. Linguistic Inquiry,1974,5(4):481 - 505.

[36] JACKENDOFF R. Foundations of Language: Brain, Meaning, Grammar,Evolution[M]. Oxford:Oxford University Press,2002/北京:外语教学与研究出版社,2010.

[37] JESPERSEN O. The Philosophy of Grammar[M]. London: George Allen and Unwin,Ltd,1924.

[38] JESPERSEN O. A Modern English Grammar on Historical Principles [M]. London:George Allen and Unwin,Ltd,1928.

[39] JESPERSEN O. Essentials of English Grammar[M]. London:George Allen and Unwin,Ltd,1933.

[40]JESPERSEN O. A Modern English Grammar on Historical Principles [M]. Part Ⅵ Morphology. Copenhagen:Ejnar Munksgaard,1942.

[41]JONES M A. Cognate Objects and the Case-Filter[J]. Journal of Linguistics,1988,24(1):89 -110.

[42]KEARNS K. Light Verbs in English[C]. 1988.
http://www. ling. canterbury. ac. nz/kate/lightverbs. pdf. 1 -33.

[43]KYTÖ M. Collocational and Idiomatic Aspects of Verbs in Early Modern English[J] // BRINTON J L, AKIMOTO M. Collocational and Idiomatic Aspects of Composite Predicates in the History of English, 1999,167 -206.

[44]LANGACKER R W. Foundations of Cognitive Grammar:Vol. Ⅰ Theoretical Prerequisites [M]. Standford: Standford University Press, 1987/北京:北京大学出版社,2004.

[45]LANGACKER R W. Foundations of Cognitive Grammar :Vol. Ⅱ Descriptive Application [M]. Standford: Standford University Press, 1991/北京:北京大学出版社,2004.

[46]LAKOFF G. Woman, Fire and Dangerous Things:What Categories Reveal About the Mind [M]. Chicago: The University of Chicago Press,1987.

[47]LEECH G,SVARTVIK J. A Communicative Grammar of English[M]. London:Longman,1978.

[48]LEECH G,HUNDT M,MAIR C,et al. Change in Contemporary English: A Grammatical Study [M]. Cambridge: Cambridge University Press,2009.

[49]LIPKA L. An Outline of English Lexicology:Lexical Structure,Word Semantics, and Word-Formation [M]. 2nd ed. Tübingen:

Niemeyer,1992.

[50]LIVE A H. The Take-Have Phrasal in English[J]. Linguistics,1973, 11(95).

[51]LYONS J. Semantics:Volume 1[M]. Cambridge:Cambridge University Press,1977.

[52]MACFARLAND T. Cognate Objects and the Argument /Adjunct Distinction in English[D]. Illinois:Northwestern University,1995.

[53]MATHESIUS V. A Functional Analysis of Present Day English on a General Linguistic Basis[M]. Edited by JOSEF V. Translated by LIBUŠE D. Hague: Academia, 1975/北京: 世界图书出版公司, 2008.

[54]MATSUMOTO M. The Status of Cognate Object. m. s. 1990.

[55]NAKAJIMA H. Adverbial Cognate Objects[J]. Linguistic Inquiry, 2006,37(4):674 -684.

[56]NESFIELD J C. Manual of English Grammar and Composition[M]. New York:The Macmillan Company,Ltd,1905.

[57]NICKEL G. Complex Verbal Structures in English[J]. International Review of Applied Linguistics in Language Teaching,1968,6(1).

[58]YNGVE O. On the Syntax of the English Verb:with Special Reference to 'Have a Look' and Similar Complex Structures[D]. Göteborg: Elanders Boktryckeri Aktiebolag,1961.

[59]PALMER F R. Semantics[M]. 2nd ed. Cambridge:Cambridge University Press,1981.

[60]POUTSMA H. A Grammar of Late Modern English:Part Ⅱ The Parts of Speech. Section Ⅱ:The Verb and the Particles[M]. Groningen: P. Noordhoff NV,1926.

[61] QUIRK R, GREENBAUM S, LEECH G, et al. A Comprehensive Grammar of the English Language [M]. London: Longman Group Ltd., 1985.

[62] RENSKÝ M. English Verbo-Nominal Phrases: Some Structural and Stylistic Aspects [J]. Travaux Linguistiques de Prague, 1964.

[63] SINCLAIR J. Corpus, Concordance, Collocation [M]. Oxford: Oxford University Press, 1991/上海:上海外语教育出版社, 1999.

[64] SINCLAIR J. Trust the Text: Language, Corpus and Discourse [M]. London: Routledge, 2004.

[65] SMITH C S. The Parameter of Aspect [M]. 2nd ed. Dordrecht: Kluwer Academic Publishers, 1997.

[66] STEIN G, QUIRK R. On 'Having a Look' in a Corpus [C] // AIJMER K, ALTENBERG B. English Corpus Linguistics: Studies in Honor of Jan Svartvik. London: Longman, 1991.

[67] STEIN G. The Phrasal Verb Type 'To Have a Look' in Modern English [J]. International Review of Applied Linguistics in Language Teaching, 1991, 29(1): 1-30.

[68] SWEET H. A New English Grammar Logical and Historical: Volume I Introduction, Phonology, and Accidence [M]. Oxford: The Clarendon Press, 1891.

[69] Tai J H-Y. Verbs and Times in Chinese: Vendler's Four Categories [C] // TESTEN D, MISHRA V, DROGO J. Papers from the Parasession on Lexical Semantics. Illinois: Chicago Linguistic Society, 1984.

[70] TALMY L. Toward a Cognitive Semantics: Vol. I Concept Structuring Systems [M]. Cambridge/Massachusetts: The Massachusetts Institute of Technology Press, 2000.

[71]TAYLOR J R. Linguistic Categorization:Prototypes in Linguistic Theory[M]. 2nd ed. Oxford:Oxford University Press,1989/北京:外语教学与研究出版社,2001.

[72]THOMPSON G. Introducing Functional Grammar:功能语法入门[M].2nd ed. 黄国文,导读. UK:Hodder Education,2004/北京:外语教学与研究出版社,2008:导读.

[73]TRAUGOTT E C. A Historical Overview of Complex Predicate Types[M] // BRINTON J L,AKIMOTO M. Collocational and Idiomatic Aspects of Composite Predicates in the History of English. Philadelphia:John Benjamins Publishing Company,1999.

[74]UNGERER F,SCHMID H J. An Introduction to Cognitive Linguistics[M]. London:Pearson Education Limited,1996/北京:外语教学与研究出版社,2001.

[75]UNGERER F,SCHMID H J. An Introduction to Cognitive Linguistics[M]. 2nd ed. London:Pearson Education Limited,2006.

[76]WIERZBICKA A. Why Can You Have a Drink When You Can't Have an Eat? [J]. Language,1982,58(4):753-799.

[77]WIERZBICKA A. The Semantics of Grammar[M]. Philadelphia:John Benjamins Publishing Company,1988.

[78]布龙菲尔德. 语言论[M]. 袁家骅,赵世开,甘世福,译. 钱晋华,校. 北京:商务印书馆,1997.

[79]蔡冰.新兴程度副词"狂"的语法化程度[J].语言科学,2010(6):599-606.

[80]蔡文兰."进行"带宾问题[J].汉语学习,1982(3):7-11.

[81]曹逢甫.主题在汉语中的功能研究:迈向语段分析的第一步[M].谢天蔚,译.北京:语文出版社,1995.

[82]陈迪明. 说“加以”[J]. 中国语文,1958(7):338-339.

[83]陈嘉映. 语言哲学[M]. 北京:北京大学出版社,2003.

[84]陈宁萍. 现代汉语名词类的扩大:现代汉语动词和名词分界线的考察[J]. 中国语文,1987(5):379.

[85]陈平. 论现代汉语时间系统的三元结构[J]. 中国语文,1988(6):401-422.

[86]陈新仁. 语法隐喻的认知语用解读[J]. 外国语,2014,37(2):33-41.

[87]陈永莉. 形式动词的范围、次类及特征[J]. 晋阳学刊,2003(3):92-94.

[88]程琪龙. 双宾结构及其相关概念网络[J]. 外国语,2004(3):20-25.

[89]丛迎旭. 语法隐喻的确定和一致性标准[J]. 山东师范大学外国语学院学报,2003,16(3):56-58.

[90]丛迎旭,王红阳. 基于语义变化的概念语法隐喻模式与类型[J]. 现代外语,2013,36(1):33-39,108-109.

[91]邓守信. 汉语动词的时间结构[J]. 语言教学与研究,1985(4):7-17,48.

[92]丁一. 英语乏词义动词结构的体特征及其认知基础[J]. 外国语文,2013,29(1):71-74.

[93]刁晏斌. 试论现代汉语形式动词的功能[J]. 宁夏大学学报,2004a(3):33-38.

[94]刁晏斌. 现代汉语虚义动词研究[M]. 大连:辽宁师范大学出版社,2004.

[95]东明. “加以”“予以”及其他[N]. 人民日报,1959-07-10.

[96]董秀芳. 词汇化:汉语双音词的衍生和发展[M]. 成都:四川民族

出版社,2002.

[97]范文芳. 试论语法隐喻的综合模式[J]. 外语教学,2007(4):12－15.

[98]范晓,杜高印,陈光磊. 汉语动词概述[M]. 上海:上海教育出版社,1987.

[99]龚千炎. 论“加以”[J]. 中国语文,1961(2):19－23.

[100]顾阳. 时态、时制理论与汉语时间参照[J]. 语言科学,2007(4):22－38.

[101]桂诗春. 不确定性判断和中国英语学习者的虚化动词习得[J]. 外语教学与研究,2007(1):3－12.

[102]郭锐. 汉语动词的过程结构[J]. 中国语文,1993(6):410－420.

[103]郭锡良. 介词“以”的起源和发展[J]. 古汉语研究,1998(1):1－5.

[104]何善芬. 英汉语言对比研究[M]. 上海:上海外语教育出版社,2002.

[105]何元建. 生成语言学背景下的汉语语法及翻译研究[M]. 北京:北京大学出版社,2007.

[106]胡明扬. 现代汉语词类研究综述[M]//胡明扬. 词类问题考察. 北京:北京语言文化大学出版社,1996.

[107]胡裕树. 现代汉语[M]. 增订本. 上海:上海教育出版社,1981.

[108]胡裕树,范晓. 动词形容词的“名物化”和“名词化”[J]. 中国语文,1994(2):81－86.

[109]胡裕树,范晓. 动词研究[M]. 开封:河南大学出版社,1995.

[110]胡壮麟,朱永生,张德禄. 系统功能语法概论[M]. 长沙:湖南教育出版社,1989.

[111]胡壮麟. 语法隐喻[J]. 外语教学与研究,1996(4):1-7.

[112]胡壮麟. 语法化研究的若干问题[J]. 现代外语,2003(1):85-92.

[113]胡壮麟,朱永生,张德禄,等. 系统功能语言学概论[M]. 北京:北京大学出版社,2005.

[114]华景年."加以""予以"等是没有生命的字眼么?[J]中国语文,1959(11):537.

[115]黄伯荣,廖序东. 现代汉语(上)[M]. 兰州:甘肃人民出版社,1983.

[116]黄伯荣,廖序东. 现代汉语(下)[M]. 兰州:甘肃人民出版社,1983.

[117]黄和斌. 英语语法多面观[M]. 南京:东南大学出版社,2003.

[118]黄和斌,戴秀华. 英语语法新论[M]. 南京:凤凰出版传媒集团,2007.

[119]吉政,谢式燕. 形式动词研究综述[M]//胡裕树,范晓. 动词研究综述. 太原:山西高校联合出版社,1996.

[120]江蓝生. 语法化程度的语音表现[M]//吴福祥. 汉语语法化研究. 北京:商务印书馆,2005:90-100.

[121]蒋严,潘海华. 形式语义学引论[M]. 北京:中国社会科学出版社,1998.

[122]金立鑫. 语言研究方法导论[M]. 上海:上海外语教育出版社,2007.

[123]金立鑫. 从语义特征分析到行为类型分析[J]. 长江学术,2008a(4):123-127.

[124]金立鑫. 对 Reichenbach 时体理论的一点补充[J]. 中国语文,2008b(5):433-440.

[125]金立鑫. 试论行为类型、情状类型及其与体的关系[J]. 语言教学与研究,2008c(4):1-9.

[126]金立鑫. 解决汉语补语问题的一个可行性方案[J]. 中国语文,2009(5):387-398.

[127]金立鑫. "时""体"范畴的本质及其蕴涵共性[M]//程工,刘丹青. 汉语的形式与功能研究. 北京:商务印书馆,2009:322-345.

[128]金立鑫. 什么是语言类型学[M]. 上海:上海外语教育出版社,2011.

[129]金立鑫. 语言类型学探索[M]. 北京:商务印书馆,2017.

[130]金立鑫,于秀金. 从与OV-VO相关和不相关参项考察普通话的语序类型[J]. 外国语,2012,35(2):22-29.

[131]科姆里. 体范畴[M]. 郭利霞,译. Cambridge:Cambridge University Press,1976/北京:北京大学出版社,2016.

[132]李桂梅. 现代汉语形式动词研究述评[J]. 浙江科技学院学报,2015(4):263-267.

[133]李临定. 现代汉语动词[M]. 北京:中国社会科学出版社,1990.

[134]利奇. 语义学[M]. 李瑞华,王彤福,杨自俭,等,译. London:Penguin,1983/上海:上海外语教育出版社,1987.

[135]连淑能. 英汉对比研究[M]. 北京:高等教育出版社,1993.

[136]梁锦祥. 英语的同源宾语结构和及物化宾语结构[J]. 外语教学与研究,1999(4):23-29.

[137]刘凤璞,纪善韬,李宝岩,等. 逻辑学大全[M]. 长春:吉林大学出版社,1991.

[138]刘红妮. "加以"的多元词汇化与语法化[J]. 语言科学,2011,10(6):629-639.

[139]刘月华,潘文娱,故韡. 实用现代汉语语法[M]. 增订本. 北京:商务印书馆,2001.

[140]刘正光. 语言非范畴化:语言范畴化理论的重要组成部分[M]. 上海:上海外语教育出版社,2006.

[141]刘作焕,严阵. V + a(n) + N结构的语义分析[J]. 现代外语,1995(2):57 - 60.

[142]鲁川. 汉语语法的意合网络[M]. 北京:商务印书馆,2001.

[143]陆丙甫. 语序优势的认知解释(上):论可别度对语序的普遍影响[J]. 当代语言学,2005,7(1):1 - 15,93.

[144]陆丙甫. 基于宾语指称性强弱的及物动词分类[J]. 外国语,2009(6):18 - 26.

[145]陆丙甫. 汉、英主要"事件名词"语义特征[J]. 当代语言学,2012(1):1 - 11.

[146]陆丙甫,金立鑫. 语言类型学教程[M]. 北京:北京大学出版社,2015.

[147]陆国强. 现代英语词汇学[M]. 上海:上海外语教育出版社,1983.

[148]陆俭明. 八十年代中国语法研究[M]. 北京:商务印书馆,1993.

[149]陆俭明. 现代汉语语法研究教程[M]. 3 版. 北京:北京大学出版社,2005.

[150]陆俭明. 构式语法理论的价值与局限[J]. 南京师范大学文学院学报,2008(1):142 - 151.

[151]吕瑞卿. 形式动词"加以""进行"研究[D]. 上海外国语大学硕士论文,2007.

[152]罗思明,徐海,王文斌. 当代词汇化研究综合考察[J]. 现代外语,2007,30(4):414 - 423.

[153]马秉义. 英汉主语差异初探[J]. 外国语,1995(5):55-59.

[154]马庆株. 语法化与语音的关系[M]//石锋,沈钟伟. 乐在其中:王士元教授七十华诞庆祝文集. 天津:南开大学出版社,2004:16-21.

[155]毛宏愿. 话形式动词和形式化动词[J]. 喀什师范学院学报,1997(4):78-80.

[156]孟丽. 汉语语法化的理论与实践视角探究[D]. 华中师范大学博士论文,2015.

[157]牛保义,徐盛桓. 关于英汉语语法化比较研究:英汉语比较研究的一个新视角[J]. 外语与外语教学,2000(9):2-6.

[158]钱歌川. 英文疑难详解[M]. 北京:中国对外翻译出版公司,1981.

[159]钱军. 语言系统的核心与边缘:布拉格学派理论研究[J]. 福建外语,1996(3):5-8.

[160]钱军. 句法语义学:关系与视点[M]. 北京:人民教育出版社,2001.

[161]仇伟. 乏词义结构的认知及功能研究[J]. 外国语言文学,2006,23(1):1-5,72.

[162]仇伟. 英语事件类双及物构式的认知研究[J]. 天津外国语学院学报,2010(4):28-31,62.

[163]仇伟. 英语乏词义结构的系统功能语法研究[J]. 外语研究,2014(1):21-24,50.

[164]仇伟. 以构式功能为基础的英汉乏词义结构对比研究[J]. 外语教学,2015(2):13-16.

[165]裘锡圭. 说"以"[M]//裘锡圭. 古文字论集. 北京:中华书局,1992:106-110.

[166]人民教育出版社编辑. 汉语知识[M]. 2 版. 北京:人民教育出版社,1979.

[167]任学良. 汉英比较语法[M]. 北京:中国社会科学出版社,1981.

[168]邵敬敏,周芍. 语义特征的界定与提取方法[J]. 外语教学与研究,2005(1):21 - 28.

[169]沈家煊. 英汉介词对比[J]. 外语教学与研究,1984(2):1 - 8.

[170]沈家煊. "语法化"研究综观[J]. 外语教学与研究,1994(4):17 - 24,80.

[171]沈家煊. 我看汉语的词类[J]. 语言科学,2009(1):1 - 12.

[172]沈家煊,张姜知. 也谈形式动词的功能[J]. 华文教学与研究,2013(2):8 - 17,23.

[173]申小龙. 汉语动词分类研究述评[J]. 绥化师专学报(社会科学版),1988(4):63 - 72.

[174]石定栩. 汉语句法的灵活性和句法理论[J]. 当代语言学,2000,2(1):18 - 26.

[175]史厚敏. "虚动词 + 事件宾语"结构刍议[J]. 黄淮学刊(哲学社会科学版),1993(1):79 - 86.

[176]石毓智,李讷. 汉语语法化的历程:形态句法发展的动因和机制[M]. 北京:北京大学出版社,2001.

[177]束定芳. 认知语义学[M]. 上海:上海外语教育出版社,2008.

[178]万德勒. 哲学中的语言学[M]. 陈嘉映,译. New York:Cornell University Press,1974/北京:华夏出版社,2002.

[179]王德春. 语言学通论[M]. 南京:江苏教育出版社,1990.

[180]王德春. 论语言发展的规律[M]. // 王德春. 多角度研究语言. 北京:清华大学出版社,2002:12 - 20.

[181]王德春. 语言学新视角[M]. 上海:上海外语教育出版社,2011.

[182]王冬梅. 动词的控制度和谓宾的名物化之间的共变关系[J]. 中国语文,2003(4):315-328.

[183]王逢鑫. 英语意念语法[M]. 北京:北京大学出版社,1989.

[184]王菊泉. 什么是对比语言学[M]. 上海:上海外语教育出版社,2011.

[185]王力. 汉语史稿[M]. 北京:中华书局,1980.

[186]王年一. 说"进行"[J]. 中国语文,1959(12):569-571.

[187]王守元. 关于"P. V. + N. P."结构的应用[J]. 山东外语教学,1982(2):38-40.

[188]王文斌,周慈波. 英汉"看"类动词的语义及词汇对比分析[J]. 外语教学与研究,2004,36(6):412-419.

[189]王文斌. 论英语的时间性特质与汉语的空间性特质[J]. 外语教学与研究,2013(2):163-173.

[190]王阳畛. 谈"加以"的语法特点[J]. 中国语文,1959(1-12):536-537.

[191]王寅. 狭义与广义语法化研究[J]. 四川外语学院学报,2005a,21(5):68-73.

[192]王寅. 英汉语言宏观结构区别特征[J]. 外国语,1990(6):36-40.

[193]王寅. 构式语法研究:上卷 理论思索[M]. 上海:上海外语教育出版社,2011.

[194]王寅. 构式语法研究:下卷 分析应用[M]. 上海:上海外语教育出版社,2011.

[195]王寅,严辰松. 语法化的特征、动因和机制:认知语言学视野中的语法化研究[J]. 解放军外国语学院学报,2005b,28(4):1-6.

[196]王宗炎. 语言问题求教集[M]. 北京:外语教学与研究出版

社,2003.

[197]王宗炎. 四位中国学者关于《系统功能语法概论》的讨论:读胡壮麟等人编著的《系统功能语法概论》[J]. 福建外语,1999,61(3):1-10.

[198]卫乃兴. 意义共享与非词语化[J]. 解放军外语学院学报,2007(5):17-24.

[199]卫乃兴. 词语学要义[M]. 上海:上海外语教育出版社,2011.

[200]伍谦光. 语义学导论[M]. 长沙:湖南教育出版社,1988.

[201]吴怀成. 现代汉语动词的指称化研究[M]. 上海:学林出版社,2014.

[202]吴锡根. 动词带宾语情况的考察[M] //胡裕树,范晓. 动词研究. 开封:河南大学出版社,1995:176-199.

[203]向熹. 简明汉语史:上 [M]. 北京:高等教育出版社,1993.

[204]向熹. 简明汉语史:下 [M]. 北京:高等教育出版社,1993.

[205]新华通讯社译名室. 英语姓名译名手册[M]. 4 版. 北京:商务印书馆,2004.

[206]刑志群. 从"连"的语法化试探汉语语义演变的机制[J]. 古汉语研究,2008(1):23-31.

[207]熊学亮. 用构式的理念来透视 V+NP 等结构[C] // 程工,刘丹青. 汉语的形式与功能研究. 北京:商务印书馆,2009:186-202.

[208]许孟庚. 英语中的"虚动词+行为宾语"结构[J]. 河南大学学报,1992(5):86-87.

[209]许余龙. 对比语言学[M]. 上海:上海外语教育出版社,2002.

[210]许余龙. 篇章回指的功能语用探索:一项基于汉语民间故事和报刊语料的研究[M]. 上海:上海外语教育出版社,2004.

[211]徐盛桓.“格高志远 学贯中外”:祝贺《外国语》创刊三十周年[J]. 外国语,2008,31(5):93 -95.

[212]徐伟儒. 略论英语动词“体”及其分类[J]. 外语与外语教学,1998(3):13 -15.

[213]言久圣. 语法学习杂记三则[J]. 语文学习,1981(4):48 -49.

[214]燕燕. 泛义动词探析[D]. 上海师范大学硕士学位论文,2004.

[215]杨锡彭. 粘宾动词初探[J]. 南京大学学报(哲学·人文科学·社会科学版),1992(4):147 -152.

[216]杨锡彭. 汉语语素论[M]. 南京:南京大学出版社,2003.

[217]尹世超. 试论粘着动词[J]. 中国语文,1991(1 -6):401 -410.

[218]尹世超. 试论黏着动词[M] //马庆株. 二十世纪现代汉语语法论文精选. 北京:商务印书馆,2005:246 -256.

[219]余光中. 怎样改进英式中文? [J] 明报月刊,1987.

[220]于善志. 轻动词结构形式及其语义体转变[J]. 现代外语,2008(3):247 -252.

[221]于秀金. 类型学视野下的英汉时体研究:时体共性与 ERS 时体结构[D]. 上海外国语大学博士论文,2013.

[222]于秀金. 基于 S -R -E 的时体统一逻辑模型的构建[J]. 外国语,2013(1):32 -44.

[223]于秀金. 跨语言时—体—情态的范畴化、显赫性及扩张性:库藏类型学视角[J]. 中国语文,2017(6):670 -692.

[224]于秀金. 跨语言(非)现实与时—体—情态的范畴关联及显赫性格局[J]. 外国语,2018(3):9 -22.

[225]俞士汶,朱学锋,王惠,等. 现代汉语语法信息词典详解[M]. 北京:清华大学出版社,1998.

[226]袁杰,夏允贻. 虚义动词纵横谈[J]. 语言研究,1984(2):

31－40.

[227]张爱朴. 从题元理论看英语动词的扩展结构[J]. 国外外语教学,2004(4):26－31.

[228]张爱朴. 英语虚化动词结构研究:以 Give ＋ Vn、Have ＋ Vn、Take ＋ Vn 为例[D]. 上海外国语大学博士论文,2012.

[229]张爱朴. 英语虚化动词结构使用的多维分析[J]. 北京第二外国语学院学报,2014(8):14－19.

[230]张爱朴. 虚化动词结构的认知研究[M]. 哈尔滨:黑龙江大学出版社,2015.

[231]张伯江. 什么是句法学[M]. 上海:上海外语教育出版社,2013.

[232]张伯江,方梅. 汉语功能语法研究[M]. 北京:商务印书馆,2014.

[233]张道真. 实用英语语法[M]. 2 次修订本. 北京:商务印书馆,1979.

[234]张高远. 英汉名词化对比研究:认知·功能取向的理论解释[M]. 北京:中国社会科学出版社,2008.

[235]张高远,朱炜. 论英汉虚义动词结构之异同[J]. 南昌大学学报(人文社会科学版),2009(6):161－165.

[236]张今,陈云清. 英汉比较语法纲要[M]. 北京:商务印书馆,1981.

[237]张敏. 认知语言学与汉语名词短语[M]. 北京:中国社会科学出版社,1998.

[238]张志毅,张庆云. 词汇语义学[M]. 3 版. 北京:商务印书馆,2012.

[239]章振邦. 新编英语语法:上[M]. 修订本. 上海:上海译文出版社,1989.

[240]章振邦. 新编英语语法:下［M］. 修订本. 上海:上海译文出版社,1989.

[241]赵元任. 汉语口语语法[M]. 吕叔湘,译. 北京:商务印书馆,1979.

[242]郑述谱. 试论语言学术语的特点[J]. 外语学刊,2006(3):51-54.

[243]钟鸣. 汉英事件名词比较[D]. 南昌大学硕士学位论文,2010.

[244]周刚. 形式动词的次分类[J]. 汉语学习,1987(1):11-14.

[245]周刚. 形式动词[C]//胡裕树,范晓. 动词研究. 开封:河南大学出版社,1995:264-285.

[246]周小兵. "进行""加以"句型比较[J]. 汉语学习,1987(6):1-5.

[247]朱德逵. 谈英语"基干动词"+"非动词化名词"结构[J]. 现代英语研究,1982(1):31-34.

[248]朱德熙. 关于动词形容词"名物化"的问题[J]. 北京大学学报(人文科学版),1961(4):51-64.

[249]朱德熙. 现代汉语语法研究[M]. 北京:商务印书馆,1980.

[250]朱德熙. 语法讲义[M]. 北京:商务印书馆,1982.

[251]朱德熙. 现代书面汉语里的虚化动词和名动词:为第一届国际汉语教学讨论会而作[J]. 北京大学学报(哲学社会科学版),1985,22(5):1-7.

[252]朱德熙. "加以"和"进行"[M]//朱德熙. 朱德熙文集:第四卷. 北京:商务印书馆,1999:319-322.

[253]朱永生,严世清. 系统功能语言学多维思考[M]. 上海:上海外语教育出版社,2001.

[254]庄绎传. 英汉翻译教程[M]. 北京:外语教学与研究出版

社,1999.

## 工具书类

[1] BENSON M. The BBI Combinatory Dictionary of English: a Guide to Word Combinations[Z]. Amsterdam: John Benjamins Publishing Company, 1986.

[2] BROWN K. Encyclopedia of Language & Linguistics[Z]. 2nd ed. Oxford: Elsevier, 2006 /上海:上海外语教育出版社,2008.

[3] BUSSMANN H. Routledge Dictionary of Language and Linguistics[Z]. London: Routledge, 1996 /北京:外语教学与研究出版社, 2000.

[4] CROWTHER J, DIGNEN S, LEA D. Oxford Collocations Dictionary for Students of English[Z]. Oxford: Oxford University Press, 2001/北京:外语教学与研究出版社,2003.

[5] CRYSTAL D. A Dictionary of Phonetics and Linguistics[Z]. 6th ed. MA: Blackwell Publishing, 2008.

[6] EVANS V. A Glossary of Cognitive Linguistics[Z]. Edinburg: Edinburg University Press, 2007.

[7] HORNBY A S. Oxford Advanced Learner's English - Chinese Dictionary[Z]. 8th ed. Oxford: Oxford University Press, 2010 /北京:商务印书馆,2009.

[8] PROCTER P. Longman Dictionary of Contemporary English[Z]. 4th ed. Pearson Education Limited, 2003/北京:外语教学与研究出版社,2009.

[9] MATTHEWS P H. Concise Dictionary of Linguistics with Chinese Translation[Z]. Oxford: Oxford University Press, 1997/上海:上海外语教

育出版社, 2006.

[10]PEARSALL J, PATRICK H. The New Oxford English – Chinese Dictionary of English[Z]. 8th ed. Oxford: Oxford University Press, 1998, 2003/上海:上海外语教育出版社, 2007.

[11]TRASK R L. A Dictionary of Grammatical Terms in Linguistics[Z]. London: Routledge, 1993.

[12]陈慰. 英汉语言学词汇[Z]. 北京:商务印书馆,1998.

[13]戴炜华. 新编英汉语言学词典[Z]. 上海:上海外语教育出版社,2007.

[14]高文达. 近代汉语词典[Z]. 北京:知识出版社,1992.

[15]《新英汉词典》编写组. 新英汉词典[Z]. 增补本. 上海:上海译文出版社,2005.

[16]《古代汉语词典》编写组. 古代汉语词典[Z]. 北京:商务印书馆,1998.

[17]哈特曼,斯托克. 语言与语言学词典[Z]. 黄长著,林书武,卫志强,等,译. 李振麟,俞琼,校. London: Applied Science Publishers LTD,1973/上海:上海辞书出版社,1981.

[18]惠宇. 新世纪汉英大词典[Z]. 缩印本. 北京:外语教学与研究出版社,2004.

[19]李行健. 现代汉语规范词典[Z]. 3 版. 北京:外语教学与研究出版社,2014.

[20]刘凤璞,纪善韬,李宝岩. 逻辑学大全[Z]. 长春:吉林大学出版社,1991.

[21]刘涌泉. 多语对照语言学词汇[Z]. 北京:北京语言学院出版社,1988.

[22]陆谷孙. 英汉大词典[Z]. 上海:上海译文出版社,2007.

[23]吕叔湘. 现代汉语八百词[Z]. 北京:商务印书馆,1980.

[24]吕叔湘. 现代汉语八百词[Z]. 增订本. 北京:商务印书馆,1999.

[25]孟琮,郑怀德,孟庆海,等. 汉语动词用法词典[Z]. 北京:商务印书馆,1999.

[26]戚雨村,董达武,许以理,等. 语言学百科词典[Z]. 上海:上海辞书出版社,1993.

[27]汪馥郁,郎好成. 实用逻辑学词典[Z]. 北京:冶金工业出版社,1990.

[28]王维贤. 语法学词典[Z]. 杭州:浙江教育出版社,1992.

[29]夏征农. 大辞海·语言学卷[Z]. 上海:上海辞书出版社,2003.

[30]辛克莱. 外教社·柯林斯　高级英语用法词典[Z]. 杨世强,王丽华,赵丽昆,等,译. Harper:Collins Publishers Limited,1996/上海:上海外语教育出版社,2007.

[31]许宝华,杨剑桥. 大辞海·语言学卷[Z]. 修订版. 上海:上海辞书出版社,2013.

[32]语言学名词审定委员会. 语言学名词[Z]. 北京:商务印书馆,2011.

[33]张柏然. 新时代英汉大词典[Z]. 缩印本. 北京:商务印书馆,2006.

[34]张道真. 英语常用动词用法词典[Z]. 上海:上海译文出版社,1981.

[35]张道真. 现代英语用法词典[Z]. 重排本. 北京:外语教学与研究出版社,1994.

[36]郑易里. 英华大辞典[Z]. 修订本. 北京:时代出版社,1957.

[37]中国社会科学院语言研究所词典编辑室. 现代汉语词典[Z]. 2 版. 北京:商务印书馆,1994.

[38]中国社会科学院语言研究所词典编辑室. 现代汉语词典[Z]. 7版. 北京:商务印书馆,2016.

[39]中国社会科学院语言研究所词典编辑室. 现代汉语词典:汉英双语[Z]. 北京:外语教学与研究出版社,2002.

# 英汉术语对照表

**A**

| | |
|---|---|
| accessibility | 可及性 |
| accomplishment | 完成 |
| action | 动作 |
| activity | 活动 |
| adjunct | 附加语 |
| adverbial of duration | 时段状语;延时状语 |
| Aktionsart | 行为类型 |
| argument | 论元 |
| aspect | 体 |
| aspect coercion | 体压制 |
| atelic aspect | 无终体 |
| auxiliary | 助动词 |

**B**

| | |
|---|---|
| bare noun | 光杆名词 |
| bounded | 有界的 |

**C**

| | |
|---|---|
| cognate object construction | 同源宾语结构 |
| complement | 补语,补足语 |
| complex predicate | 复杂谓语 |
| composite predicate | 合成谓语 |
| compound verb | 复合动词 |

| | |
|---|---|
| content word | 实词 |
| copula | 连系词,系词 |
| construction | 构式,构块;结构 |

**D**

| | |
|---|---|
| dative | 与格 |
| decategorialization | 非范畴化 |
| degree of grammaticalization | 语法化程度 |
| delexicalization | 虚化 |
| delexicalized verb | 虚化动词 |
| delexicalized verb construction | 虚化动词结构 |
| ditransitive construction | 双及物构式 |
| durative time adverbial | 延续性时间状语 |

**E**

| | |
|---|---|
| end focus | 末端焦点 |
| end weight | 尾重原理 |
| event argument | 事件论元 |
| eventive noun | 事件名词 |
| eventive object | 事件宾语 |

**F**

| | |
|---|---|
| factitive | 使成性 |
| fossilization | 固化 |
| frame adverbial | 框架状语 |
| function verb | 功能动词 |
| Functional Sentence Perspective | 功能句子观 |

**G**

| | |
|---|---|
| grammatical category | 语法范畴 |

| | |
|---|---|
| grammatical metaphor | 语法隐喻 |
| grammatical word | 语法词 |
| grammaticalization | 语法化 |
| **H** | |
| hedge | 模糊限制语① |
| **I** | |
| iconicity | 象似性;拟象性 |
| ideational function | 概念功能 |
| ideational metaphor | 概念隐喻 |
| idiomaticity | 熟语性 |
| idiomaticized | 熟语化的;习语化的 |
| image | 意象 |
| imperfect | 未然体;非完成体 |
| imperfective | 非完整体 |
| individualization | 个体化 |
| inflection | 屈折 |
| internal dative | 内与格 |
| interpersonal metaphor | 人际隐喻 |
| irrealis | 非现实[情态] |
| isomorphism | 同构 |
| iterative | 反复体 |
| **L** | |
| lexicalization | 词汇化 |
| lexicon | 词库 |

① 沈家煊(2000)译成“模棱语”。笔者认为,“模糊限制语”更佳。

| | |
|---|---|
| light verb | 轻动词 |
| **M** | |
| marked | 有标记的 |
| metaphor | 隐喻 |
| metonymy | 转喻 |
| motivation | 理据 |
| **N** | |
| nexus | 语结 |
| nexus substantive | 语结名词 |
| nominal argument | 名词性论元 |
| normal phraseology | 普通熟语学 |
| **P** | |
| patient | 受事 |
| perfective | 完整体 |
| perfect | 已然体;完成体 |
| periphrastic construction | 迂回结构 |
| phase structure | 时相结构 |
| predicative | 陈述性 |
| profile | 勾勒 |
| prosody | 韵律;韵律结构 |
| **R** | |
| rank shift | 级转移 |
| realis | 现实[情态] |
| reanalysis | 重新分析 |
| reification | 物化 |
| reference point | 参照点 |

| | |
|---|---|
| rhythm | 韵律;节奏 |
| **S** | |
| semantic abstractness | 语义抽象 |
| semantic bleaching | 语义虚化 |
| semantic contagion | 语义感染 |
| semelfactive | 一次体的 |
| sequential scanning | 顺序扫描 |
| shared argument structure | 共享论元结构 |
| shared meaning | 意义共享 |
| simplex verb construction | 简单动词结构 |
| situation type | 情状类型 |
| spreading activation | 激活扩散 |
| summary scanning | 总体扫描 |
| syntagm | 复合体;结构体 |
| **T** | |
| telic(ity) | 终结的[体] |
| tense | 时,时态 |
| **U** | |
| unaccusative | 非受格 |
| unergative | 非作格 |
| unmarked | 无标记的 |
| **V** | |
| vague action verb | 模糊行为动词 |
| verbal object | 动词性宾语 |

# 常见外国人名英汉对照表

**B**

| | |
|---|---|
| 拜比 | Bybee, J. |
| 比伯 | Biber, D. |
| 博林格 | Bolinger, D. |
| 布朗 | Brown, K. |
| 布林顿 | Brinton, J. L. |
| 布龙菲尔德 | Bloomfield, L. |
| 布鲁格曼 | Brugman, C. |
| 布斯曼 | Bussmann, H. |

**D**

| | |
|---|---|
| 戴浩一 | Tai, J. H-Y. |
| 道蒂 | Dowty, R. D. |
| 迪克森 | Dixon, R. M. W. |

**G**

| | |
|---|---|
| 戈德堡 | Goldberg, A. E. |

**H**

| | |
|---|---|
| 哈特曼 | Hartmann, R. R. K. |
| 海曼 | Haiman, J. |
| 韩礼德 | Halliday, M. A. K. |
| 赫德尔斯顿 | Huddleston, R. |
| 霍恩比 | Hornby, A. S. |
| 霍珀 | Hopper, P. J. |

| | |
|---|---|
| 斯威特 | Sweet, H. |
| **T** | |
| 塔尔米 | Talmy, L. |
| 泰勒 | Taylor, J. |
| 特劳戈特 | Traugott E. C. |
| **W** | |
| 万德勒 | Vendler, Z. |
| 温格瑞尔 | Ungerer, F. |
| **X** | |
| 辛克莱 | Sinclair, J. |
| **Y** | |
| 叶斯柏森 | Jespersen, O. |

# 后　记

本书写作是笔者在教学之余完成的。英语虽然是笔者的第一外语,但书中某些英语例证是否为本族语者接受,有时难以确定。若遇此景,笔者一般会通过因特网向英语母语者等国外朋友求助。由于笔者在攻读本科、硕士及博士学位期间学习到的汉语及汉语语言学理论比较有限,笔者的汉语基本功和汉语语言学理论基础仍亟待夯实。每当遇到汉语中的疑难问题,只能查阅汉语界权威学者的著述,或查阅相关的权威工具书,必要时也向汉语界学者求教,以消除疑惑及澄清理解上的舛误,直至问题得以解决。系统地进行英汉语对比,这对笔者来说还是首次。为此,笔者拜读了许余龙、王菊泉、潘文国等国内对比语言学领域的专家学者的著述,获益匪浅。

本书在写作过程中得到钱军、王菊泉、周流溪等诸位良师益友的帮助。2016 年,钱军教授接受笔者到北京大学(以下简称“北大”)外国语学院做访问学者。参加钱教授为研究生开设的功能语言学课程并亲自做课堂汇报,进一步开阔了笔者的语言学视野,同时提高了笔者的学术英语表达水平,尤其令笔者对布拉格学派有了较深刻的了解。在北大阅读 Mathesius 的《普通语言学基础上的当代英语功能分析》(*A Functional Analysis of Present Day English on a General Linguistic Basis*)方得知,Mathesius 在二十世纪七十年代就对英语的虚化动词结构进行过阐述。钱教授还时常与笔者探讨这一语言现象。所有这一切使笔者对英语虚化动词结构又有了深刻认识。他还把自己耗时多年撰写的关于英语词汇学的专著惠赠笔者。在笔者回到工作岗位后,钱教授还帮忙为笔者查找文献。钱教授百忙中的诚心相助,令笔者十分感动,而他治学之严谨、为人之率真,更是令笔者钦佩不已。在北大期间,笔者也十分关注北大中文系的学术动态,利用一切机会参加该系举办的各类学术活动,拓宽了对汉语及汉语语言学理论的认知。王菊泉教授拨冗审阅了书稿,通过电子邮件对书稿的框架、个别章节的不足、正文行文格式等提出了不少宝贵建议和修改意见,这对提高拙著质量起到了关键作用。王先生还惠赠笔者语言学文献,并在学术研究上给笔者鼓励,这令笔者终身铭感。周流溪教授在拙稿上逐一改正文内措辞及标点谬误,令笔者十分感动,周教授还把他发表的论文发给笔者,同笔者一起探讨一些术语翻译等问题,启迪笔者智慧。

拙著的完成过程中,陆丙甫、金立鑫、石毓智、于秀金、何宏华、何卫、仇伟、庞加光、丛迎旭等学者以不同形式为笔者提供了帮助。撰写本书时,笔者参阅了大量国内外书刊,引述了国内外名家的一些观点和例证,并已标明文献来源。在拙著付梓前,笔者得到了黑龙江大学张慧博士、黑龙江大学出版社副总编戚增媚女士的大力支持。南京晓庄学院沈磊副教授承担了书稿的校对工作,改正了书中不少错误,在措辞上也提出了许多好的建议。笔者在此一并深致谢忱。

最后,笔者还要感谢湖北师范大学周光明教授及河南大学刘光耀先生。本科阶段是周教授把笔者引入英语语言学学术研究的殿堂,昔日在黄石磁湖湖畔学习的情景,依然历历在目。刘先生是笔者的硕士研究生导师,至今笔者还记得刘先生当年为笔者精心修改硕士论文的情景。笔者从河南大学毕业后,刘先生依然关心笔者的学业,知道笔者对语法研究感兴趣,还赠送相关文献给笔者。

本项目研究得到教育部社科司人文社会科学研究规划基金项目资助及南京晓庄学院社科处的资助。笔者在此表示由衷的感谢。

本书中关于某些理论或观点的引述和评介如若有误,责任由笔者承担,与原创理论作者无关。

受学力等诸多条件限制,书中难免存在缺陷和错讹,期待学界同仁的批评指正。

张爱朴<br>2019 年 6 月于南京